高职教学改革案例
分析与创新

肖志坚　张文福　胡新根　著

北　京
冶　金　工　业　出　版　社
2020

内 容 提 要

职业院校是现代高技能人才培养的摇篮，其培育的成效越来越受到国家、企业、学校及从业人员的重视。本书通过对高职教学改革案例的分析与创新研究，重点探索教学模式改革、教学方式和实现模式改革等，分析高质量育人的路径。本书内容涉及微课教学改革、智慧教学构建与智慧教学实现、线上线下教学模式探索、课程思政分析与案例、课程考核方式改革与案例分析等，通过一系列的教学方式改革和案例分析，阐述作者的教学改革理念和心得，以期与同行交流，实现共同进步。

本书是浙江东方职业技术学院民营经济与职业教育创新研究团队总结多年职业教育改革形成的研究成果，可供各类职业学校的从业人员和研究人员参考。

图书在版编目(CIP)数据

高职教学改革案例分析与创新/肖志坚，张文福，胡新根著.—北京：冶金工业出版社，2020.5

ISBN 978-7-5024-8459-0

Ⅰ.①高… Ⅱ.①肖… ②张… ③胡… Ⅲ.①高等职业教育—教学改革—研究 Ⅳ.①G718.5

中国版本图书馆 CIP 数据核字(2020)第 070751 号

出 版 人　陈玉千
地　　址　北京市东城区嵩祝院北巷 39 号　邮编　100009　电话　(010)64027926
网　　址　www.cnmip.com.cn　电子信箱　yjcbs@cnmip.com.cn
责任编辑　夏小雪　美术编辑　吕欣童　版式设计　禹　蕊
责任校对　郑　娟　责任印制　禹　蕊

ISBN 978-7-5024-8459-0

冶金工业出版社出版发行；各地新华书店经销；三河市双峰印刷装订有限公司印刷
2020 年 5 月第 1 版，2020 年 5 月第 1 次印刷
169mm×239mm；11.75 印张；201 千字；173 页
69.00 元

冶金工业出版社　投稿电话　(010)64027932　投稿信箱　tougao@cnmip.com.cn
冶金工业出版社营销中心　电话　(010)64044283　传真　(010)64027893
冶金工业出版社天猫旗舰店　yjgycbs.tmall.com

本书编委会

主　　编　肖志坚　张文福　胡新根

副 主 编　杨定成　吴　敏　牛文兴　陈官田
岳　敏　杨青青　何　宏

参编人员　杨　云　李谷伟　孔伊昵　张志强
梅少敏　黄文艺　刘宏斌　蒋　君
邵云娜　林　哲　戴起乐　孔　真
吴宣宣　赵威威　徐水芳　邵明秀
郑　泽　吴丽莎

前　言

高等职业技术教育是教育的一种类型，它不是简单的专科教育。高等职业教育属于高等教育范畴，同时具有职业教育属性，因此在开展高等职业技术教育活动和改革的过程中应充分结合其属性与特征进行创新和设计。在改革的过程中，应加强从业教师的教学理念提升、加强新旧教学方法和手段的改革与融合、优化人才培养模式和课程体系，在确保专业理论够用和实用的背景下，实行教、学、做一体化的工学结合模式是高等职业教育改革与创新的重要途径。

一、提升从业教师教学理念和创新意识

教学理念是指教师在对教学活动和教学现象的一种理性认识和理解的基础上，对未来教育发展方向持有的一种理想希望和观念，是教师从事教学活动的信念。教育是一项面向未来的事业，是一种由教师组织和引导的活动。在教育活动中，教师持有的教育理念不仅直接决定着教师的教育行为、态度和质量，往往还影响着教育的性质与状态。因此，从业教师树立现代化的教育理念是一项重要的基础性工程，其现实意义非常重大。对于从事高等职业教育的教学团队也不例外，尤其在国内高等职业教育改革的创新时期。

二、工、学结合，做、学、教一体化，逐步推行现代学徒制

过去，中国高等职业教育在一定程度上照搬普通高等教育的模式，没有突出职业教育的特点和属性。事实上，高等职业教育不是普通高等教育的压缩版，而是一种教育类型，它更偏重于培养学生实际操作能力和知识的应用能力。近年来，随着国家对职业教育认识的改变，职业教育发展也日趋成熟，自身的特点也日渐明显，基本形成了中职、高职、本科高职等，预计今后还会出现职业硕士，甚至职业博士等。

高等职业技术教育既具有高等教育的属性，同时又具有职业教育的特点。随着教学改革的不断深入，很多职业教育学校在设计人才培养方案的过程中，不再强调课程体系完整、全面等要求，而是尽可能做到理论够用、实用，更多地强调实践教学环节，尽可能做到学中做、做中学，教学做一体化。为了让职业教育学生尽快适应企业岗位需求，一方面应加强校内课程改革，采用教学做“一体化”等模式，将工作任务融入校内课堂教学环节；另一方面，在条件允许的情况下，还应积极响应国家教育部门政策，逐步推行现代学徒制，通过实际岗位的真实锻炼，将专业理论与实际结合，使学生由学生角色转化为职业技术人才。当然在推行现代学徒制的过程中，存在的问题还有很多，需要广大从业人员积极探索与研究，找到适合自己的现代学徒制的最佳方案和有效路径。

三、加强现代化教育手段和传统优质教学方法相结合的教育理念

在当前的教育中，现代化教育手段对教学效果具有促进作用；同时现代化的教育手段也是有缺陷的，有时候需要与传统的教学手段相结合才能收到更好的效果。多媒体能将一些抽象的知识形象化，无形之中增大了教学信息量，大量的教学内容通过鼠标的点击飞快地闪过，导致学生根本无法跟上教师讲课的进度，其教学效果可想而知。所以，我们在使用现代化的教育手段时，除了考虑内容表现形式的优化外，还要充分考虑学生的认知规律。只有将现代化的教育手段和传统的教学方法进行有机统一、相互配合、取长补短，才能将两者的优势发挥到极致。

四、树立以人为本和培育可持续发展技能人才的教育理念

教育必须树立以人为本的教育理念，这也是马克思主义社会发展理论的重要内容。马克思曾经深刻指出：“人们的社会历史始终只是他们个性发展的历史，而不管他们是否意识到这一点。”教育既要考虑通识性，也要考虑个性化和差异化的发展。传统的教育理念，学生视老师为权威，对于老师传授的知识不加辨别全盘接收。以人为本的教育理念，培养的是学生的主体意识，变“被动”为“主

动”，扭转一贯的“教师为主、学生为辅”的教学方式，增强师生之间的交流和互动，在此过程中引导学生发现问题，然后与学生讨论问题，最终自主解决问题，使学生在潜移默化中掌握知识。如此不断强化学生的学习成就感，可使学生找到学习乐趣，逐渐愿学、乐学。以人为本要求开设的课程符合学生需求，教学形式的组织要方便学生学习，真正从学生的认知和理解角度出发开展教学活动，而目前大班化教育的模式就显得极不相称。作者认为可以在一个专业下面设立多个专攻方向，根据学生意愿、教师引导，实现技术和技能等不同层次的培养目标。

现代职业技术教育与过去的培养定位有较大的差别，过去更多的是提倡“高等职业教育应以服务为宗旨，走产学研结合的发展道路，强调培养学生的可持续能力的发展”。而随着时代的发展，对高技能人才的培养有了更多的期望和愿景，人们希望培养能够可持续发展的高等技术技能人才，满足社会需求。

五、树立终身学习教育理念

终身教育是人们在一生中所受的各种教育的总和，既包括正规教育，也包括非正规教育，还包括教育体系的各个阶段和形式。其表现为任何渴望学习的人都可以根据自己的需要随时随地选择适合自己的教育形式，学习的时间、地点、内容、方式等均可由个人选择。在终身学习教育理念中，学校仅是学习的场所之一。人的一生将无法严格区分成“教育阶段”和“工作阶段”：工作学习化，学习工作化，学习、工作一体化。在此过程中教师需要改变理念，加强学习，拓宽视野，更新知识，改变学习方式，更需要在研究中学习，在实践中学习，在生活中学习，牢固树立终身学习的理念，并将其真正内化为自己的生命行动。

结合以上教育思想和理念，作者围绕现代课程改革与案例分析、课程考核方式改革与案例分析、实训教学改革案例分析和学徒制、中高职衔接与课程体系设计案例分析等四个方面展开论述，论述内容以团队发表的10多篇研究论文为基础，一方面参考了大量同行业的职业教育改革研究论文，另一方面在专著撰写的过程中吸收了团队所在专业（印刷技术、包装策划与设计、电气自动化技术、会计等专业）的具体职业教学过程的工作内容、研究成果和教学改革反思等，当然部分方案和做法只是一家之言，还存在较多需要完善的地方。

第一章课程改革与案例分析，共分为 4 个小节。第一节微课辨析、构建评价及应用，重点阐述微课发展辨析、组成与种类、构建评价及案例应用等；第二节智慧教室构建与智慧教学；第三节《数据库技术及应用》课程线上线下混合教学模式；第四节“课程思政”辨析与案例分析等相关的课堂教学改革探索。

第二章课程考核方式改革与案例分析，共分为 4 个小节。重点阐述课程考核方式改革的必要性、课程考核方式改革的探索、基于 Excel VBA 的《会计电算化》课程考核新探索和基于会计从业资格无纸化考试模式下的会计教学改革等内容。

第三章实训教学改革案例分析和学徒制，共分为 3 个小节。重点探索校内实训教学改革与案例分析、校企共建实训教材及案例分析、学徒制改革与企业课堂等相关教学改革研究内容。

第四章中高职衔接与课程体系设计案例分析，共分为 3 个小节。重点阐述了中高职课程衔接现状与必要性、中高职衔接课程体系建设设想，并以印刷媒体技术专业为例，介绍了中高职衔接课程体系设计案例等相关内容。

本书在撰写过程中得到了以下基金项目的支持：

（1）浙江省高等教育“十三五”第一批教学改革研究项目：专业群建设背景下高职个性化人才培养探索与实践（JG20180760）；

（2）浙江省高等教育教学改革课题：“专业群+工作室”四位一体培养高技能人才模式研究（JG20190913）；

（3）温州市科学技术协会服务科技创新项目：“专业+大师工作室”高技能人才培养模式研究（2019KXCX-04）；

（4）中国商业学会课题：艺术设计类专业群现代学徒制人才培养的实证研究——以包装策划与设计专业为例（2018ZSZJYB07）；

（5）中国职业技术教育学会教学工作委员会 2019—2020 年度职

业教育教学改革课题：基于校企协同育人模式的现代学徒制改革与实践（1910663）；

（6）浙江东方职业技术学院2019年度特色优势专业群建设项目：数字电气专业群；浙江东方职业技术学院2018年度重点课题：《数据库技术及应用》课程线上线下混合教学模式创新研究（DF2017ZD06）；

（7）横向课题：校企合作模式下高技能人才培养研究（20190429）；资源共享模式下的校企课程合作共建研究（20190307）。

总之，高等职业教育作为教育的一种类型，其在发展的过程中只有不断革新自己的教育思想，树立现代化的教育理念，在思想和理念上紧跟时代的步伐，在行为和教学活动中运用现代化的教育理念，才能使自己不断成长、强大，在日渐激烈的竞争中占有自己的一席之地。

本书在撰写的过程中得到了浙江东方职业技术学院领导的关心和大力支持，同时也得到了浙江三渎包装有限公司和温州立可达印业股份有限公司的大力支持。由于作者水平有限，书中若有疏漏及不当之处，敬请各位读者、前辈不吝赐教，以便今后不断学习和提高，撰写更加高质量的书籍。

肖志坚

2019年10月于温州

目　录

第一章　课程改革与案例分析

2018 年 8 月，教育部印发《关于狠抓新时代全国高等学校本科教育工作会议精神落实的通知》（以下简称《通知》），“金课”首次被写入教育部文件，《通知》要求，各高校全面梳理各门课程的教学内容，淘汰“水课”、打造“金课”，切实提高课堂质量。全国的高职高专也在积极学习文件精神，不断深化教学改革，提高课堂教学质量，提升课堂学习效果。

2018 年 11 月，教育部高教司司长吴岩提出，五大“金课”将围绕线上、线下、线上线下混合、虚拟仿真和社会实践等五个角度来打造。线下“金课”还是以课堂教学为主阵地；线上则依托“互联网+教育”的新形态课程展开……

在此背景下，本项目组结合学校打造“金课”的主要做法，重点开展了微课构建评价及案例应用、智慧教室构建与智慧教学、课程线上线下混合教学模式与案例、“课程思政”辨析与案例等四个方面的研究。

第一节　微课辨析、构建评价及应用

目前，国内关于微课的研究还处于初级阶段，大多数研究仍停留在阐释理念和简单应用层面，故需要对实践中的微课程模式进行深入的审视与总结，以为微课程理念如何更好地促进学生学习寻求方向。

一、微课起源与发展辨析

“微课”全称为“微型视频课程”，是网络信息化和数字媒体时代诞生的一种新的教学手段和学习方式。微课不是单纯地为微型教学而设计开发的微型内容，而是运用构建主意等方法、以在线学习或者移动学习为目的的实际教学内容。微课设计开发过程中通常以简短的微视频为基础，借助文字、音乐、声音或动画等媒体技术，设计开发时长在 5～10min 的课程，向学习者传递特定知识或道理等。

（一）微课起源与发展辨析

据资料显示，微课最早起源于美国，雏形是美国北爱荷华大学 LeRoy A. McGrew 教授提出的 60s 课程和英国纳皮尔大学 T. P. Kee 提出的 1min 演讲。McGrew 教授认为传统的化学专业教材过长，不太适合非专业学生学习，因此提出了 60s 课程，为非专业民众普及化学知识；并且将 60s 课程设计为三部分：概念导入、内容解释、列举生活案例等，他还认为其他专业也可用类似的方式教育和学习。现今热议的微课是 2008 年由美国新墨西哥州圣胡安学院高级教学设计师 David Penrose 提出的。David Penrose 认为：微型知识脉冲与适当的作业或讨论相结合，一定程度上可以与传统授课取得相近的学习效果。他还提出了微课建设构思，简单归纳为：

（1）罗列课堂教学中试图传递的中心思想和主题内容；

（2）围绕主题撰写一份 15~30s 总结；

（3）利用麦克风和网络摄像头等拍摄 1~3min 微视频简短学习内容；

（4）开发一套能指导学生阅读或探索的课后任务或习题等，帮助学习者学习课程内容；

（5）将教学视频、课程任务及相关的学习资料等上传到课程管理系统。

随着微课的发展，其在国内也逐渐受到诸多专家学者和行政主管领导的重视。早在 2008 年广东省佛山市教育局胡铁生先生就提出微课概念。胡铁生认为，“对教师而言，微课将革新传统的教学与教研方式，突破教师传统的听评课模式，教师的电子备课、课堂教学和课后反思的资源应用将更具有针对性和实效性，基于微课资源库的校本研修、区域网络教研将大有作为，并成为教师专业成长的重要途径之一”。不仅如此，他还认为微课程对于学生具有重要的现实意义。他说：“微课能更好地满足学生对不同学科知识点的个性化学习、按需选择学习，既可查缺补漏又能强化巩固知识，是传统课堂学习的一种重要补充和拓展资源。特别是随着手持移动数码产品和无线网络的普及，基于微课的移动学习、远程学习、在线学习、泛在学习将会越来越普及，微课必将成为一种新型的教学模式和学习方式。”

无独有偶，戴维·彭罗斯也认为，微课程并不必然地决定课程教学的质量，他强调说，这些微片段只是允许教师把教学内容与教学目标紧密地联系起来，从而产生一种被他称之为“更加聚焦的学习体验”。同时，我们也应该看到，微课程概念存在许多不完善的地方。它不可能适合所有的课程。对于那些简单的、以介绍某个简单的核心概念而言，也许它更适合；而对于复杂的教学内容也许并不适合；对于课堂教学中班级讨论是否适用，也有待进一步的实践检验。因此，胡铁生在国内基础教育领域的应用与探索，也许能更好地回答这个问题。

胡先生统计分析发现现有教育信息资源利用率低，故率先在国内首次提出了以微视频为中心的新型教学资源——“微课”，后来经过建设与发展，逐渐形成了以“佛山市中小学优秀微课作品展播平台”与“微课网”为代表的微课研究平台。近几年随着微课在国内的推行和发展，逐渐受到了教育行政管理主管的认同，并逐渐开设相关的设计比赛和推广应用，如：2012 年 12 月教育部全国高校教师网络培训中心向全国各高校发出了举办全国首届高校微课教学比赛等，甚至部分微课比赛已经开发出了一套较为可行的微课评比规格和评价体系。2014 年 1 月，教育部教育管理信息中心在深圳举办了职业院校“微课教学设计与制作”骨干教师高级研修班培训等。

随着越来越多的专家、学者和教师队伍加入微课的研究与开发，相应的研究成果也越来越多，但总体上国内关于微课的研究和开发应用仍处于初级阶段。经过近几年教育部门的大力推广和不同学校老师的努力，关于微课的建设、比赛和应用也越来越多，微课的作用和优点也正在得到挖掘和开发。

（二）微课的定义

微课经过一定时间的发展与应用，在不同的阶段其内涵和定义也有一定的差异。

（1）2011 年 10 月，胡铁生老师在阐述微课时，强调微视频及相关教学资源的有机组合，并把微课定位为一种新的教学资源类型，描述为：微课是根据新课程标准和课堂教学实际情况，以教学视频为主要载体，记录教师在课堂教学中针对某个知识点或教学环节而开展的精彩教与学活动中所需的各种教学资源的有机结合体。

（2）百度词条在描述微课时更加强调微课的视频形式。微课的教与学活动内容。在具体阐述微课时，描述微课是以视频为主要载体，记录教师在课堂教育教学过程中围绕某个知识点或教学环节而开展的精彩教与学的全过程。

（3）2012 年教育部教学管理信息中心在描述微课时强调微课的资源构成

及微课的制作途径，也涉及教学过程等，并定义“微课”全称为“微型视频课程”，它是以教学视频为主要呈现方式，围绕学科知识点、例题习题、实验操作等进行的教学过程及相关资源的有机结合体。

（4）2012年12月凤凰微课在描述微课时，明确了课程时间和视频为主要载体，突出了微课在终身学习、泛在学习和移动学习中的价值。人人皆学，时时能学。并描述微课是一个微小的课程教学应用，是一种以5~10min甚至更短时长为单位的微型课程。它以视频为主要载体，特别适宜与智能手机、平板电脑等移动设备相结合，为大众提供碎片化、移动化的网络学习新体验。

（5）2013年，焦建利老师在描述微课时强调文科的表现形式和应用目的。在具体定义微课时，微课是以阐释某一知识点为目的，以短小精悍的在线视频为表现形式，以学习或教学应用为目的的在线教学视频。

当然，除了以上诸多媒体和专家对微课的内涵进行定义外，还有郑小军、吴秉健、张一春等多位专家和学者也对微课进行了定义和阐述，主要涉及微课的基本特点、表现形式、应用方式、学习方式及适合群体等方面，并各具特色。在了解了以上诸多不同专家对微课的阐述后，可以让我们进一步了解微课的特点和应用等，同时也为进一步研究微课的形式和特点、开发微课及应用微课提供了更多的理论支撑。

根据胡铁生老师写的我国微课发展的三个阶段可以清楚地知道，微课在我国的发展短史是国内专家学者开始关注微课的资源构成阶段、关注微课教学活动阶段及关注微课网络课程的建设和应用阶段。

纵观微课的发展史，从国外的诞生到现今适度的开发和应用，微课仍然处于使用的初级阶段，后续还有待更多的专家、学者及设计师们的加入，开发更多、更加实用的微课，为更多的人提供学习的机会和获取知识的机会。

二、微课组成与种类辨析

（一）微课组成

微课的核心内容是微视频，也称教学视频片段，同时包含与教学视频内容相关的微教案（教学设计）、微课件（教学课件）、微习题（练习测试题）、微反思（教学反思）等辅助性教与学内容，以便学习者在自学时可以有效了解学习内容和巩固知识，实现和课上学习相同的学习效果。

1. 微视频

微视频是整个微课的核心，与传统的教学视频相比较可谓短小精悍，时长为 3~10min，一般不超过 10min。设计开发过程中要求知识目标明确、有较强的针对性，往往以一个知识点为单元进行设计开发，同时配有声音、音乐、图片，甚至动画等，具有更好的视觉和听觉效果。

2. 辅助资料

微课除了微视频外，往往还包括学习辅助资料，常见的有微教案、微课件、微反思、微习题等。这些学习资料能够较好地辅助学习者获取和掌握所学微课的主题知识。

（1）微教案。是指课教学活动的简要设计和说明。

（2）微课件。是指在微课教学过程中用到的多媒体教学课件等。

（3）微反思。是指执教者在微课教学活动之后的体会、反思、改进措施等。

（4）微习题。根据微课教学内容设计的练习测试题目。

（二）微课常见类型

根据李秉德教授对我国中小学教学活动中常用的教学方法的分类总结，同时也为便于一线教师对微课分类的理解和实践开发的可操作性，可将微课初步划分为 11 类，分别为讲授类、问答类、启发类、讨论类、演示类、练习类、实验类、表演类、自主学习类、合作学习类、探究学习类，具体见表 1-1。

表 1-1　微课常见类型

分类依据	常用教学方法	微课类型	适用范围
以语言传递信息为主的方法	讲授法	讲授类	适用于教师运用口头语言向学生传授知识（如描绘情境、叙述事实、解释概念、论证原理和阐明规律）；这是中小学最常见、最主要的一种微课类型
	谈话法（问答法）	问答类	适用于教师按一定的教学要求向学生提出问题，要求学生回答，并通过问答的形式引导学生获取或巩固检查知识
	启发法	启发类	适用于教师在教学过程中根据教学任务和学习的客观规律，从学生的实际出发，采用多种方式，以启发学生的思维为核心，调动学生的学习主动性和积极性，促使他们生动活泼地学习

续表 1-1

分类依据	常用教学方法	微课类型	适用范围
以直接感知为主的方法	讨论法	讨论类	适用于在教师指导下，由全班或小组围绕某一种中心问题通过发表各自意见和看法，共同研讨、相互启发，集思广益地进行学习
	演示法	演示类	适用于教师在课堂教学时，把实物或直观教具展示给学生看，或者作示范性的实验，或通过现代教学手段，通过实际观察获得感性知识以说明和印证所传授知识
以实际训练为主的方法	练习法	练习类	适用于学生在教师的指导下，依靠自觉的控制和校正，反复地完成一定动作或活动方式，借以形成技能、技巧或行为习惯；尤其适合工具性学科（如语文、外语、数学等）和技能性学科（如体育、音乐、美术等）
	实验法	实验类	适用于学生在教师的指导下，使用一定的设备和材料，通过控制条件的操作过程，引起实验对象的某些变化，从观察这些现象的变化中获取新知识或验证知识；在物理、化学、生物、地理和自然常识等学科的教学中，实验类微课较为常见
以欣赏活动为主的教学方法	表演法	表演类	适用于在教师的引导下，组织学生对教学内容进行戏剧化的模仿表演和再现，以达到学习交流和娱乐的目的，促进审美感受和提高学习兴趣；一般分为教师的示范表演和学生的自我表演两种
以引导探究为主的方法	自主学习法	自主学习类	适用于以学生作为学习的主体，通过学生独立的分析、探索、实践、质疑、创造等方法实现学习目标
	合作学习法	合作学习类	合作学习（Collaborative Learning）是一种通过小组或团队的形式组织学生进行学习的一种策略
	探究学习法	探究学习类	适用于学生在主动参与的前提下，根据自己的猜想或假设，运用科学的方法对问题进行研究，在研究过程中获得创新实践能力、获得思维发展、自主构建知识体系的一种学习方式

三、微课制作基本流程、方式、评价

为了更好地认识和应用微课，必须了解微课设计开发的基本过程和涵盖的主要技术内容。一般认为一套较完整的微课应该包括设计初衷、教学目标、学情分析、内容分析、微视频设计与制作等。目前，国内常见的微课设计开发流程如图 1-1 所示。

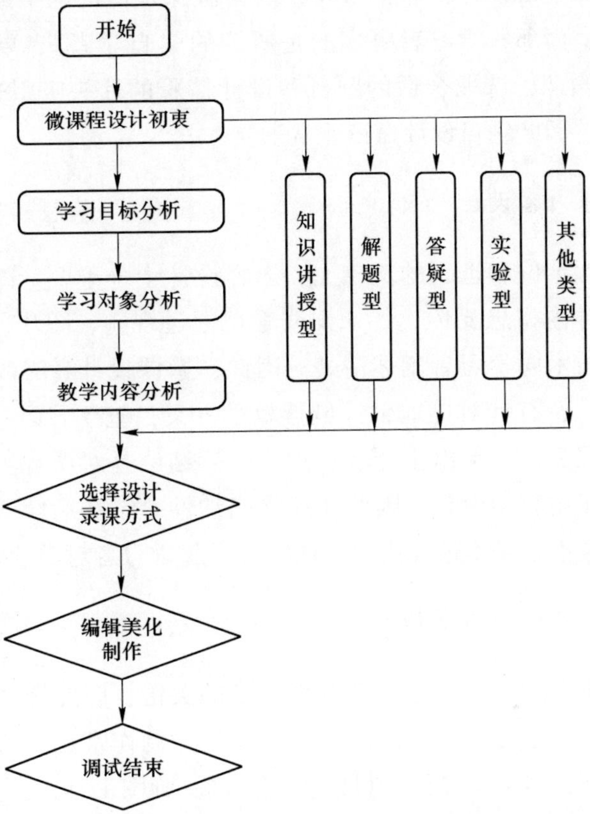

图 1-1　国内常见的微课设计开发流程

为了更好地设计开发微课，设计者应该重点加强内容选题、主题设计、微视频开发等相关核心内容的学习和提升。

（一）微课内容选题

首先，设计者应该明确微课与传统视频教学的差异，选择合适的内容进行设计开发。微课往往以独立的知识点为单元，内容结构看似松散其实耦合，从课程整体上看，微课彼此不孤立，一般成系列集，内容相互衔接具有连贯性。

其次，设计者应该明确设计开发的微课定位，主要包括学习对象的层次、能力、年龄等基本属性，同时结合知识层次、专业特点等分析学情。其特点决定了授课者和设计者要结合专业特点和学习对象选取相对独立、实用性强、能促使学习者深度学习和思考的短小微问题。

最后，微课题目设计也非常重要，因为微课是借助网络或其他移动终端设备开展教学，而那些学习者更多的是所谓的“自学者”，要想这些“自学者”能够看完微课，选取合适的题目和设计精彩的片头吸引这些“自觉者”显得尤为重要，因此题目设计显得非常重要。

（二）微课内容设计

在明确微课定位和选题的基础上，内容设计十分重要。微课设计者必须在短短的几分钟内将想要传达的知识或思想通过视频、图片、文字、声音甚至动画等媒体技术向学习者阐述清楚。因此，微课设计者必须加强对内容和方法的合理组织，有针对性地设计最佳教学方案，包括导语、主题、正文和结束语等，逐层深入，突出主题和重点。最后结语是对课程主题内容的总结和归纳以及后续内容的引领，因此往往将归纳性总结和后续学习的引领作为结语，一方面全面了解本节课内容，同时也引起学习者对后续内容的兴趣。

（三）微视频设计与制作

微视频是微课的核心，是整个课程传播的关键，因此微视频设计与开发效果直接影响微课学习效果。国内微视频设计与制作常见方式有屏幕录制软件+PPT、摄像机+白板、屏幕录制软件+手写板+画图工具，甚至有手机+白纸等开发模式。设计者可以根据现有的教学资源环境选择相对便利的条件设计开发，考虑到最终的传播和学习效果，在设计开发过程中必须充分考虑以下几个方面：

其一，尽量选择较好设计制作软件和硬件实施，同时鼓励专业的制作团队或技术人员参与。只有这样才有可能开发相对高质量的微课，尤其是微视频。

其二，根据设计初衷和微课类别，选择授课者是否出现。如果采用授课者出现的摄制方式，讲授者着装要大方得体。

其三，设计开发的微课应该考虑到容量大小，以便网络传播下载等。

（四）微课设计开发质量提升

为了更好地开发出系列微课，掌握以上设计与开发经验只是其中一个重要环节，还必须熟悉相关微课比赛的评价体系和评价标准，这样可以更好地指导设计与开发。下面给出某知名微课网络上提供的一套相对完整的微课评价要求。

1. 国内微课比赛评价

国内目前微课比赛评价体系分为两大流程：一是现场评比，二是网络评比。前者一般占比80%，后者一般为20%。现场评比是诸多行业内专家对参赛微课的选题、设计、逻辑及内容等系列环节的综合评价。网络评价需要将参赛作品在特定的网站上发布，然后根据线上的点击量、投票数量、收藏数量、分享数量、讨论热度等综合评价。

2. 现场评价

现场评价一般针对选题、内容、规范性、设计效果等方面进行逐项分析和评价。

（1）选题简明、设计合理。针对知识点、例题、习题、实验活动等讲授、分析、推理、答疑等进行选题。尽可能做到“小而精”，围绕某具体的点，围绕教学或学习过程中常见典型问题设计开发，能有效解决学与教的互动，突出重点、难点、疑点、考点等问题。

（2）内容正确、逻辑清晰。教学设计内容正确、严谨。内容符合学生认知规律，主线清晰突出，逻辑性强，易懂。

（3）结构完整，语言、技术规范。具有一定的独立性和完整性，作品包含微课视频及微课录制过程中需要的辅助资料：微教案、微习题、微课件、微反思等。微课视频一般不超过10min，视频画质清晰、稳定、声音清楚、无杂音，与画面同步；教案围绕所选主题设计，突出重点；习题设计有针对性与层次性，难度适宜，等级主观。语言标注，声音洪亮、有节奏感，语言富有感染力。

（4）效果良好，具有趣味性和观赏性。构思新颖，教法有创意，不拘泥于传统课堂教学模式，类型多样；录制方法与工具可以自由组合。教学过程深入浅出、形象生动、精彩有趣，启发引导性强，有利于提升学生学习积极主动性。完成设定的教学目标，有效解决实际教学问题，促进学生思维的提升、能力的提高。

了解微课比赛的一般比赛规则是为了更好地设计开发微课，提升微课的档次和层次。但并不是说所有的微课都需要严格按照上述的要求和规则设计开发，这个工作量是非常大的。不同种类的微课其突出主题的模式差异很大，其表现力和可观赏性也天壤之别，因此在日常辅助教学过程中，可以根据需要进行选择性的设计与创意，关键是采用简短的视频和媒体技术，尽可能地讲清楚教学的内容，在此基础上，适当提高微课的内涵和吸引力，增强学习的效果和情绪性。

四、微课在不同课程中的应用

为了更好地理解微课在不同专业中的应用，下面结合作者所在的专业，列举 2 个案例详细阐述。

（一）案例 1——微课在物流包装专业人才培养中的应用

1. 结合专业选题

为了更好地结合专业，体现高技能人才培养。专业团队选择了物流运输包装箱设计章节进行设计考核和评价，重点介绍物流运输包装用瓦楞纸箱的尺寸设计，包括瓦楞纸箱内尺寸、外尺寸和制造尺寸的概念认识，其次是三大尺寸在实际生产中的相互转换，再次是具体按客户要求进行设计应用。

2. 微课构建与开发

（1）配置必须的开发软件和拍摄工具。我们选择了专业的图形图像处理软件及视频处理软件，包括图形图像处理软件 Coreldraw、Photoshop、视频处理软件 Mind manager 2012 及视频拍摄相机等。

（2）为了通过简短的视频完成授课内容，实现教学目标，团队分别对教学目标、授课对象、主要内容等进行了分析、分解和定位，设计开发了具体微教案、微课件及微习题等。

首先，团队对学情状况和授课目标进行了分析，应充分考虑学习对象是职业学院的在校学生，开发本次微课的目的是提升和改善课堂学习不足，通过短时间的微课学习弥补课堂学习不足和巩固教学内容。

其次，授课内容分解和微教案的设计，编写脚本。这部分是整个微课开发的基础，也是关键，部分细节见表 1-2。

表 1-2 部分细节脚本编写

时间	内容	实现动作	特殊配音（或特殊效果）
00：00-00：20	主要内容的导入，选择经典物流包装集装箱案例或者生产事故，导入包装箱尺寸设计的重要性	PPT 掩饰、段视频质量事故等	
00：21-02：00	重点介绍三大尺寸的基本内容和测量方法	实物演示测量过程及注意事项	
02：01-03：30	通过实例，完成实际产品的三大尺寸的转换和计算等		
⋮	⋮	⋮	
04：40-05：00	最后选用实际生产案例布置与包装容器尺寸相关的习题	实例转换和作业布置等	

最后，选择形象较好的团队骨干进行多次练习后，完成微课讲授和拍摄。

3. 微课实施与开展

微课作为常规教学的补充，可以让学生在课内外通过短时间的学习和作业等实现与课堂教学相近的效果。专业教师在选用微课教学时，可以采用以下常见的两种方式进行应用。其一，专业教师可以选用与实践课相关的微课作为实践教学的课程导入，通过简短视频的学习和作业等，让同学对本次课程的核心内容有全面了解，同时通过作业的布置，可以让同学知道本章节的主要知识点。其二，可以建立局域网，将系列微课作为专业的教学资源库，为专业同学提供相应的平台用户账号后，要求同学课后时间学习微课和完成相关的作业，这样可以加强对课堂学习内容的巩固和总结。

（二）案例 2——“微课”在高职英语课堂上的应用

众所周知，高职的学生英语基础非常薄弱，学习英语的兴趣和信心不足，多数学生学习英语的主动性、持久性差，因此英语是大多数学生的难点，对英语学习整体影响严重，成为学习障碍。同时，高职的英语教学也存在很大的弊端，学生普遍认为教师教学方法单一，在教学中有照本宣科现象，学习英语的主要工具是课本，教法尽管对传统的以教师讲解为主的教学模式有所改变，上课也会慢慢地注意学生的参与度，但是大部分还只是围绕课文内容进行和组织相应的教学活动，课堂气氛较沉闷，结果学生兴趣全无，甚至放弃英语，与英语老师产生敌对情绪等。由此，对英语教师而言，不断想出对策才是解决这一问题的关键。本书就是在这一背景下，介绍了如何引入“微课”让高职学生的英语课堂更加精彩。

（1）从学生角度分析。高职的学生英语基础一般较差，他们的音标不过关，掌握的单词量偏少，语感差，句子读不通，听力和口语表达能力都很低，由此导致学生在课堂上不敢说英语，害怕出错，怕同学笑话，怕被老师批评。为了避免错误，学生更喜欢把老师布置的口语作业先写下来，再读出来。这就使口语练习再次沦为书面语练习。学生的英语能力没有得到锻炼和提高。微课的出现可以帮助学生解决课堂上留下的遗憾。学生可以在课后根据自己的学习情况选择适合自己的视频反复观看，可以针对自己学习中的问题更有效地学习。

（2）从英语教师角度分析。首先，在教学时，教师为了完成教学计划，不着眼于学生的就业技能，忽视学生的口语训练。这使学生缺少必要的应用性训练，英语就学成了哑巴英语；既开不了口，也听不明白。如此一来，学生更加丧失了信心，缺少了胆量，不敢用英语表达，甚至厌学情绪越来越严重。其次，教师在教学时过于重视词汇语法教学，忽视西方文化教学。这就导致许多学生在遇到一些依附于西方文化背景下的英文表达时会看不明白，听不明白。再次，由于教师的口语水平有限，许多教师在课堂上仍然采用汉语教学为主，英语课成了汉语课，学生缺乏良好的语言环境。教师可以通过设计和开发微课，在教学中发现自身问题，进而分析问题，再想办法解决问题；同时，在这一过程中，教师通过教学反思，能更有效地促进教师专业能力的成长。

为了改变高职英语教学的现状，提高学生的学习兴趣，推动教师教学能力的提升，同时促进信息技术与学科教学的融合，在高职英语教学中，微课的应用不失为一种有意义的尝试，也必将产生良好的效果。比如，教师在上英语课之前，就可以在备课时先确立教学目标，然后围绕本堂英语课的教学目标设计相应的微视频，最后考虑上课如何使用，才能达到最佳的效果，如图 1-2 所示。

（3）透过微课，在文本中进行英语教学。口语交际必须建立在学生对文本的阅读、理解、感知、感悟上。文本是语用行为发生的场所，是师生同文

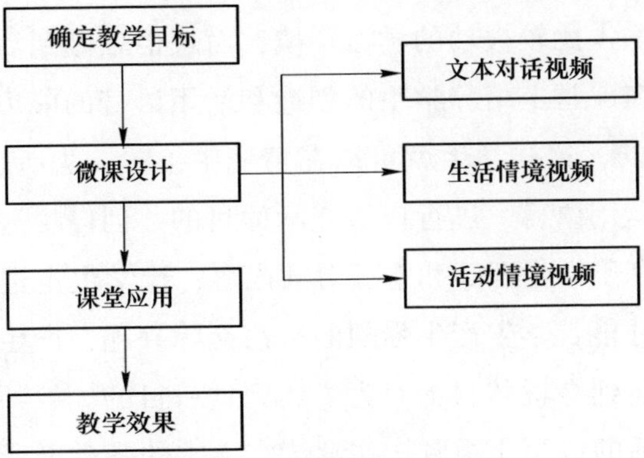

图 1-2 微视频构建流程

本、作者及教材编写者展开对话的场景。这要求教师必须在口语教学中抓住一切可训练点，引导学生展开想象，给学生充分表达和交流的机会，指导学生说完整、具体、有序的话，说优美动听的话，说内容丰富、合乎情理的话；培养学生良好的交际习惯和交际态度，让学生在具体的文本情境中体会各种不同的交际方式、交际目的以及交际环境，使学生的口语交际能力在阅读教学中逐步得到锻炼、提高与发展。但是如果让高职的学生仅仅只是对着文本一味模仿，学生必定会失去学习的乐趣，自然达不到教师设定的目标。因此，为了改变这一现状，教师可以在课前根据自己的需要设计和制作好微视频，这样上课就可以应用之前所设计的文本对话视频了，如图 1-3 所示。

图 1-3 文本微课应用

通过观摩文本对话微课，高职的学生就能更生动地体会交际口语的真实性，也可摆脱只看文本的枯燥，从而更有利于学生对文本中口语的掌握。

为了让微课可以达到更好的效果，教师就必须根据文本提供的生动的语言描绘，将它创设为一种具体的情境，并优化一些情境，然后筛选出最适合学生的生活体验情境，并将他们引入到情境中来，让他们在情景中体验乐趣，从而保持敏捷的思维，使他们对文本的解读能不断进行。在微视频的帮助下，学生在情境中熟悉了文本，就可以更好地进行模仿。

（4）透过微课，在生活情境中交流。如果让学生一味地模仿文本中设计地情境，学生会陷入比较被动的学习环境，而且很难做到活用文本中的口语句型。因此，要在课堂上培养学生的创造和活用语言的能力，创设生活化的情境是十分重要的，这样学生就可以在情境中去看、去听、去说、去体会，从而达到掌握和运用语言、进行口语交际的目的。创设接近中学生生活的真实语言环境，有利于学生理解和掌握对话内容；让学生走进自己的生活“情景”中学英语，才能让学生产生强烈的口语交际兴趣，产生想说的欲望和敢说的胆量，从而达到会说的目的。为了达到这一目的，教师事先可以设计好一个适合学生生活的口语化视频，在解读完文本的基础上指导学生进行进一步学习，如图 1-4 所示。

图 1-4　情境微课应用

凭借学生生活创设生动而真实的微视频，让高职的学生观看微视频的同时，可以体验英语口语的用处，从而对英语口语产生更大的兴趣，他们就会产生在动态真实环境中使用英语的积极性。语言来源于生活又服务于生活，两者之间不可分割。英语作为一门人与人交际的工具，只有在真实的场景中运用才能发挥其价值。作为教师，在教学中应尽量创设语言产生、学习的背景，引导学生在真实的场景中感知、理解、运用语言。

（三）小结

随着教学改革中素质教育的推出，英语的课堂教学必须引起我们的高度重视。我们要采用多种教学活动提高英语课的教学质量。高职的学生思维灵活、兴趣广泛，特别是对一些活动类的课程很感兴趣，结合这一特点，教师要变换多种形式，开展各种英语实践应用活动，以激发学生的热情和兴趣，感受成功的喜悦。微课具有其独特的魅力，相信通过对这一新颖的教学手段的应用，必将能够深化高职英语课堂教学模式的变革，提高高职英语课堂的教学效果。

第二节 智慧教室构建与智慧教学

智慧教室建设在现代职业技术教育教学活动中的地位越来越重要，其与传统的教学环境相比，具有更加先进的装备、更加灵活的教学环节和互动交流的实现模式，反映在课堂教学效果上表现较佳，因此受到了越来越多的学校重视。当然，投入也是相对较大的。

一、当前高校多媒体教室普遍存在的问题分析

（一）教室环境物理布局问题

当前，我国的大多数高校的多媒体教室的物理环境布局是在传统的“八灯四壁两帘一黑板”的普通教室的基础上，增加计算机和投影仪等多媒体设备。而且超过 80%的教室讲台和桌椅是不可移动式的，仅少部分教室的桌椅是可移动的。这种布局的多媒体教室，要想实现丰富的教学活动设计是有一定困难的，更别说建设智慧化教室。

（二）课件资源获取障碍

当前的多媒体教室，教师的课件资源获取主要依靠移动硬盘复制或者网络云盘下载两种方式。尽管移动硬盘复制课件的方式比较稳定，但是由于高校课程种类繁多，每个教室每天多种课程都不相同，教室多媒体的 USB 接口每天接触大量的移动硬盘，长此以往，教室的多媒体设备极易感染病毒，导致计算机系统崩溃；同时，教师每天携带移动硬盘流转于各个教室上课，也很容易丢失硬盘。而网上下载课件的方式在遇到网络故障时，会影响课程的正常开展。

（三）管理不力

当前，我国高校的多媒体教室管理界限模糊是常态，这主要是因为多媒体教室里原有的物理条件限制，加上多媒体设备配置复杂，因此很难将多媒体教室的所有相关设施统一管理，这就造成管理混乱、管理界限模糊的问题。有时候仅仅只是一个设备的小毛病，都可能会牵一发而动全身，对正常的课堂教学造成不利影响。所以，在多媒体教室的管理方面必须加强人力队伍建

设，细化管理责任和流程，以高效的多媒体教室管理来提升课堂教学效果。

二、智慧教室教学发展

智慧教室的概念最早由西方学者在20世纪80年代提出，自从新概念提出后，众多国内外学者不断进行研究和实践。如今智慧教室在国际上已经得到了广泛的认可和应用，智慧教室的出现在一定程度上促使传统教育理念发生变化，目前智慧教室已经成为全球化教育环境下的新型教育媒介，正在不断发展和逐步完善。目前对智慧教室的研究与建设，因各国技术发展情况不一研究内容也有所不同。

国外智慧教室研究相对较早，根据资料检索，智慧教室的提出最早可以追溯到1988年由罗纳德·雷西尼奥提出的“Smart Classroom”。在2008年IBM“智慧地球”大背景下，随着智能技术、云计算和物联网技术的发展，智慧教室的研究开始全面铺开。国外关于智慧教室下互动教学的研究不仅着力在理论建构方面，更着力在互动技术的实现和应用。2008年，英国杜伦大学的研究者与Synergy Net软件公司合作，在观察课堂师生互动，以及信息通信技术如何改进协作的基础上，设计了一种名为Synergy Net的交互教室的解决方案——全交互式智能课桌系统；英国雷丁大学关注互动技术，研究了智慧教室的学生交互行为；美国亚利桑那州立大学的智能教室利用PDA、情境感知中间件，基于泛在计算和网络技术实现了小组之间的交流和合作学习。

国内智慧教室研究的成果有智慧教室设计理念和教学模式的构建等，对智慧教室的互动教学应用还只是从理论上构建，缺乏全面实验。2008年后，我国各类学术期刊逐步开始刊发有关智慧教室的论文，说明我国对智慧教室的关注滞后。分析文献发现，国内关于智慧教室互动教学模式的研究主要是分析教学结构要素和对教与学的要素进行重新组合。清华大学的“Smart Classroom”项目依靠智能交互空间技术增强真实的教学环境，解决远程教育中的交互问题，教师通过板书、语音命令、激光笔指点等方式获得计算机辅助教学和远程教学的便利，解决远程教学桌面交互模式的问题。华东师范大学的基于物联网技术的“未来课堂”已试点运作20间智慧教室，并已投入实践运用，反响良好。

三、智慧教室的构成认识

智慧教室经过近几年的快速发展，已被很多教师和学者认同和推广，并在诸多高校得到大力推广和建设。根据资料和文献描述，主要包括以下几种代表性的定义：

黄荣怀等专家认为在传感技术、网络技术、富媒体技术及人工智能技术充分发展的信息时代，教室环境应是一种能优化教学内容呈现、便利学习资源获取、促进课堂交互开展，具有情景感知和环境管理功能的新型教室，其将这种教室称为智慧教室。陈卫东等专家认为智能教室就是一个能够方便对教室装备的视听、计算机、投影、交互白板等声、光、电设备进行控制和操作，有利于师生无缝接入资源及从事教与学活动并能适应包括远程教学在内的多种学习方式，以自然的人机交互为特征的，依靠智能空间技术实现的增强型教室。聂风华等专家认为智慧教室是为教学活动提供智慧应用服务的教室空间及其软硬件装备的总和。从上述概念的描述中不难看出智慧教室的突出特点就是其功能的智慧性，其智慧性不是只停留在技术层面，更主要的是它还体现了教学策略、教学方法的智慧化，教学内容的个性化需要，学习方式的自主化，在智慧教室中学生可以根据自己的学习需求选择自己的学习内容、安排学习进度，这样可充分调动学生的主动性和积极性，满足不同学生的不同学习需要，使得教室更具人性化。

通过专家们的描述，可以比较清晰地了解智慧教室的总体概况，根据实际的考查和分析，主要涉及教育活动主体、系统环境因素、教育活动的条件等方面。

（一）教育活动的主体

教育活动的主体包括教学者、学习者和管理者。教学者即在智慧教室中进行教学活动的教师及助教等辅助教学人员；学习者是在智慧教室中进行学习活动的主体；管理者即对智慧教室进行监控、维护、管理的服务性人员。

（二）系统环境因素

这部分主要包括教学系统、灯光控制系统、温湿度调节系统、自动考勤系统和视频监控系统等。其中教学系统是应用教学活动最重要的系统；智能灯光控制系统、温湿度自动调节系统可为学习者提供最环保、最舒适、最智能的学习环境；自动考勤系统解决了传统考勤难的问题，通过摄像头刷脸智能识别进出人员信息；视频监控系统可以保障教学活动的全程安全、可靠进行。

（三）教育活动的条件

在智慧教室环境下进行教育活动，需要更严格的要求，丰富而个性化的线上线下资源、服务教学活动的各种智能终端与基于物联网和大数据的云平台，提供个性化、创造性学习环境的优质服务体系等，为智慧教学活动创造必要条件。

四、智慧教室与传统教学环境的对比

随着各种新技术在教育中的应用，传统课堂教学的自身缺陷愈加明显：高校招生逐年扩大，学生数量急剧增多，师资力量相对紧缺；受时间、空间的局限，教学资源难以及时更新和共享等。虚拟教室的出现很好地弥补了传统课堂教学的不足，而且在开展互动协作学习方面有着独特的优势。

（一）创造智慧的协作学习环境，激发学习兴趣，提高学习积极性

虚拟教室利用多媒体技术将传统单调的、程序化的教材知识通过综合处理转变为图文并茂的多媒体信息，形象地呈现在学生面前；有利于激发学生的学习兴趣，充分调动其学习的主动性、积极性，加速对所学知识的意义建构，从而更加有效地提高学生的自主学习能力，提高课堂教学效率。

（二）支持双向交互，有利于协作学习的顺利开展

虚拟教室能够很好地模拟真实的教学情境，并且支持音频和视频的双向交流，有良好的实时性和交互性。在虚拟教室环境下，学生之间、师生之间均可以就要解决的问题进行深入的交流和探讨，每个学生都能得到教师的指导和帮助；同时，学生也可通过查询、浏览、上传、下载等方式与教学资源进行交互。这种交互性有利于提高学生的主体意识、参与意识和培养学生协作学习的能力。

（三）降低了教学成本，增强了学生的协作意识

在虚拟教室教学环境中，只需要连接网络就可以实现教学，学生通过构建学习共同体来展开学习活动，不仅需要经常性地与教师交流互动，获得教师的指导与帮助，而且更多地需要与同伴之间深入讨论。这种互动交流经常

性地在学生间发生，通过组成一个学习共同体的方式完成知识的意义建构，有利于提高学生的学习效率和学习质量，同时增强学生的协作意识，并减轻教师的负担。

（四）多元化信息技术手段的实现

“互联网+”网络技术的发展，即利用互联网丰富、生动的课程资源，进行直观性和集中性的共享。依托“互联网+”时代的技术力量所带来的便利，将翻转课堂融入“双主体”互动教学之中，通过开发相应的精品课程，利用互联网技术，构建一种更具有实用性和竞争力的智慧教室、智慧教学模式。

人工智能包括脸部识别、人像跟随、大数据的人工智能分析等应用。人工智能是智慧教室“智慧”的体现。在实际教学场景中，可以帮助教室解决场景交互问题和提升“双主体”的智慧互动。目前具有摄像头自动跟随录像，学生发言跟随等功能。未来发展可以实现视频抠图人像的叠加录像，自动搜索课程的内容资料，比如通过搜索引擎、图文数据库、影像数据库等查找并列举课程相关内容。

通过物联网实现设备互联，从而搭建一套全新的智慧教室系统架构和设计方案。在前期广泛调研和深入论证的基础上，设想通过在智慧教室安装传感器并网络连接，既可根据教室内光线的强弱，自动调节教室光源亮度；也可根据教室环境温湿度的变化，通过红外感应设备自动控制教室空气更换率；还可利用物联网识别技术，建立教师和对应上课教室间的关联授权，从而实现智能控制教学设备的使用等。目前，浙江东方职业技术学院智慧教室的建设环境有照度感应器、温湿度感应器及相应环境控制软件，并与学校原课表系统、空调系统、人数统计系统等进行对接，根据实际情况自动开关和调节，从而实现感知的智能化，这也是智慧教室发展的重要内容。

五、智慧教室的影响及评价

为顺应教育信息化的发展浪潮，国内对于智慧教室的研究热情日益高涨，各大高校踊跃尝试建立适合自己学生的智慧教室，但是智慧教室的建立依然处于起步或试验推广阶段，故有关智慧教室的教学效果评价的研究较少。而国外对智慧教室的实践案例较多，对其应用效果的研究关注更是与日俱增。加拿大多伦多大学的智慧教室项目利用智能技术构建知识社区，并结合数学和物理学科开展对比实验，发现智慧教室的学生各方面能力优于传统教室的学生。翟小铭等人对智慧教室的使用率、学习兴趣和学习成绩做了定量分析，结果发现，在使用层面上，学生在学习中尚未从根本上改变传统的学习方式，只是挑拣了智慧教室中简便、易用的功能，并未真正发挥智慧教室系统各功能间强大的交互作用，仅达到了“强化”原有学习方式的水平；但是从效果层面来看，智慧教室的使用对整体学生的学习兴趣及成绩产生了积极影响，尤其是对兴趣的影响有显著提高。另外，还发现智慧教室对不同层次、性别的学习者产生的效果不尽相同。智慧教室的评估研究证明智慧教室为教与学提供了一个高智能化、高方便化、高体验感的学习环境，但环境的改变并不能直接导致培养目标的达成，只有加强教师科学的教学活动的引领，加深与智慧教室的融合程度，加速针对不同学习者的个性开发，才能加速智慧教学深化改革的进程，开辟智慧教学的新局面。

智慧教室的发展是时代新技术发展的一个重要产物，对课堂教学改革和教学质量的提升有一定的帮助和改善，但并不能完全替代传统的多媒体课堂。因此，传统的多媒体教室还有用武之地，在一定的范围内，仍然可以作为常规课程的教学使用，通过与实训室的有机融合，也可以开展不错的教学和管理等。

六、智慧教学

通过对中国知网、万方数据库等论文平台的检索查阅，发现近几年关于智慧教室和智慧教学等研究论文数量较多，其中部分学者和教授对智慧教学给予了描述和定性。其中，山西师范大学的高小丽老师在文章《基于智慧教室与智慧教室的教学模式智慧新发展》一文中描述到：智慧教室+智慧教师≈智慧教学。智慧教学与智慧教室、智慧教师三者的关系是紧密不可分的，没有智慧教室就不会有智慧教学，没有智慧教师也不会有智慧课堂，三者可以说是根与叶、根与干的关系。

也就是说要想建设智慧课堂，完成智慧教学，必须构建智慧教室，培养智慧教师，改革课堂的教学、交流等传统模式，以完成真正的智慧教学过程。

从智慧教室探究智慧教学，智慧教室本身虽然并不能自动改变教学效果，但是智慧教室在教学改革进程中打破了传统教室的局限，为实施智慧教学改革、培养智慧性人才打下了扎实的基础，智慧教室为老师与学生提供了一个高效、互动、方便、开放的智能化学习环境，为实现培养21世纪高阶智慧型人才的目标提供了强有力的硬件设施支持，但环境的改变并不能直接导致培养目标的达成。这就对教师提出了更高的要求：首先在职业技能方面，在智慧教学模式的不断探索过程中教师要始终坚持“以人为本”，充分发挥智慧教室的功能，科学设计教学活动，在信息技术时代，教师也应该学无止境，继续汲取新的知识技能。从智慧教师探究智慧教学，教师的作用就是在教学中唤起智慧，智慧教学是知识与智慧共生的活动，在学生的全方面培养的过程中，智慧型教师应该以充满想象力的方式让学生掌握知识，成为启迪学生智慧的人，既要让学生学习到丰富的知识，又要引导学生形成正确的情感价值观，更要重视学生创新思维的培养，智慧教学模式目标定位要始终围绕智慧的核心——思维，培养学生的创新精神、创新意识和创新思维能力。

七、小结

在充分了解智慧教室的发展和现状后，了解智慧教室+智慧教师≈智慧教学的概念性模式。事实上，要想真正开展智慧课堂教学，还要充分利用良好的平台，通过有效的教学设计等环节，最后在智慧老师的精心设计下，才能有效实现智慧教学。

智慧教学作为眼下较为流行的概念，符合教学改革的一个重要发展方向，引领教育信息化的创新与变革，从而带动教育教学全面现代化建设，已成为当今时代的鲜明特征和主旋律。智慧教室具有自己独特的教学环境优势，但是在某些方面还有一定的局限性，在实际使用的过程中，应尽可能与传统的教学环节和实训场所有机结合，以更好地发挥其自身的价值，更好地提高课堂的教学效果和教学质量。

第三节 《数据库技术及应用》课程线上线下混合教学模式

一、国内外关于混合教学模式的研究现状

目前，教学模式已从传统的线下教学模式发展到线上慕课，及目前线上线下相结合的混合式教学模式，特别是混合式教学模式得到了很好的评价，也受到了高职院校的欢迎，目前很多院校都在大力发展混合式教学。

混合教学模式在国外企业培训中被广泛使用，不仅成本低而且效果显著，之后经过发展逐渐被应用到教学中。在教学方面，国外的混合教学模式发挥了很大的作用。许多国家为促进网络教学的发展投入了大量的人力和物力。在美国，有将近3000多所公立与私立大学建立了正式的网站，95%的学校建立了无线网络，并为学生提供在线网络课程的注册，让学生能够在学校网页上获得在线网络课程、网上杂志以及课程参考资料等各种网络服务；并且有400余所大学和学院在学校网站上提供远程学习，学习的课程基本覆盖了高校所有的专业学科。美国高校已基本由传统教学方式转向了基于网络教学的教学方式。

在全球化的发展下，教育模式的传播也非常迅速。我国在2003年首次引入了混合教育模式，并提倡符合我国教育的线上线下教育模式。之后慕课的流行，更进一步推进了我国线上教育的发展，引起了教育部的高度重视，全国更多的学校逐渐加入了这场教学改革的大军，各种慕课、微课、在线精品课程的推出以及关于线上线下混合教学的研究报告越来越多。在2017年7月《国务院关于积极推进“互联网+”行动的指导意见》中的“互联网+”益民服务的第五点中提出探索新型教育服务供给方式：“鼓励学校利用数字教育资源及教育服务平台，逐步探索网络化教育新模式，扩大优质教育资源覆盖面，促进教育公平。鼓励学校通过与互联网企业合作等方式，对接线上线下教育资源，为探索基础教育、职业教育等教育公共服务提供新方式。推动开展学历教育在线课程资源共享，推广大规模在线开放课程等网络学习模式，探索建立网络学习学分认定与学分转换等制度，加快推动高等教育服务模式变革。”

通过对国内外教学模式的发展特点的研究，可以将混合教学模式的发展分为3个阶段，分别为技术应用阶段、技术集合阶段、“互联网+”阶段。发达国家更是全面发展在线教育，通过移动端选取优秀的线上资源，结合线下的资源，促进教学形式的巨大改革。比如：在2008年起源于加拿大的慕课，目前已风靡全球。

二、研究意义

通过本项目实验研究，把这种线上线下混合教学模式应用于《数据库技术及应用》课程及其他类似课程教学中，改变传统的教学模式，提高教学的质量，提升学生学习的积极性，不断探索适合学生的教学模式。

（1）通过线上的复习与预习，学生在课前能够对课程内容进行自主学习，以充分参与到课堂的学习讨论中，提高教学效果。在课后的实践训练中，学生可以及时浏览教学资源，巩固课堂中所学习的内容，掌握关键知识点，最终提高学生的自主学习能力和学习成绩。

（2）提出基于线上线下的混合式教学设计模式，在该模式的指导下，进行《数据库技术及应用》教学实践，可以为类似的研究提供参考和借鉴。

（3）通过线上平台，让学生能够主动参与知识的学习中，体验线上学习带来的自主开放的学习氛围。在知识积累与转化的过程中，在学生的理论和动手能力得到提高的同时，对学生的学习动机和态度等也会产生积极的影响，对培养学生自主学习兴趣、终身学习素养具有促进作用。

（4）改变传统的线下教学模式，改变学生一味听，老师一味讲，填鸭式的被动学习过程，让学生积极主动参与课堂的教学，带着问题、带着目的、带着兴趣点参与课堂的教学工作，形成师生一体探讨式的课堂气氛。

三、混合教学模式体系概述

（一）传统教学模式存在的问题

随着互联网技术、移动技术的快速发展，互联网已经深入地影响着人们方方面面的生活，改变着人们的生活方式；同样，它也深入影响着传统的教育，并使传统的教育随着时代的潮流做出改变。

传统的教育表现为以教师为中心，面对面的言传身教，教学过程一般局限在一个固定的场所、固定的时间，一旦离开这个范围，学生和教师很难及时有效地进行沟通交流，传统教育方法在教学方法、教学资源、师生互动、差异化学习，以及教学综合评价等方面都存在各种各样的问题。

（1）教学场所。传统的教学场所基本在学校的教室里，教室的容量有限，容纳的学生也有限，人多了，教学效果将受到很大的影响。

（2）教学时间。教学时间固定，在该时间内必须准时参加学习，在该时间内教学内容一般具有唯一性和连续性，一旦错过将难以补救，不能满足学生随时学习或自我合理安排时间进行学习的需要。

（3）教学方法。传统的教学在教学方法方面比较单一，主要以讲授为主，教学吸引力不足，无法体现学生的差异性和学习能力的差异性，在教学中只能满足部分学生的学习要求，忽略了能力差或能力特别优秀的学生的教学需求。

（4）教学资源方面。传统的教学资源主要通过现场的讲授或演示，学生只能在现场进行记录，对于其他的资料难以及时地共享给每个学生。

（5）师生互动方面。传统的教学是现场直接讲授，师生互动只能现场进行，一般以老师主动讲解，学生被动参与为主，限制了学生的自主思考。

（6）差异化教学方面。传统的教学由于教学条件的限制，在教学场所、教学时间以及教学内容资源共享等方面难以做到差异化教学，只能根据学生的整体情况，照顾大部分学生，忽略了差的学生的学习能力或更优秀学生对更深入学习交流的渴望。

（7）教学评价方面。传统教学对于学生的评价一般以期末终结性考核作为最终的评价依据，忽视了对学生长期的学习过程完整的全面的综合能力的评价。

为此，教育部在2016年印发了《教育信息化“十三五”规划》，该规划提出“创新网络学习空间人人通建设和应用模式，从服务课堂学习拓展为支撑网络化的泛在学习”。该规划为对传统的单一的教学模式进行改革提供了很好的依据，为线上线下混合教学的发展提供了实实在在的动力。

（二）线上线下混合教学模式

传统的教学模式虽然有这么多缺陷，但传统的教学模式也有它的优势，比如教学氛围等，这些也是其他教学模式无法代替的，因此，继续发挥传统教学的优势，同时解决存在的一些问题是比较好的教学模式。线上线下混合教学模式能很好地胜任这项工作。

混合教学模式就是使线下传统面对面的教学模式和利用互联网技术实现网络在线学习相结合，实现两者的优势互补，达到最佳的教学效果。目前，实现线上学习的平台也非常的多，比如蓝慕云班课、大学生MOOC、超星学习通等，通过这些平台，可以很好地实现在线学习的目的。这种模式教学过程可以大致分为以下过程。

（1）线上学习。在课前，老师通过在线学习平台发布学习要求，学生根据要求完成在线视频的学习，视频可以是教师自己录制的，也可以从网络上寻找适合自己学习内容的优秀视频或进行必要的裁剪。该方式的好处非常明显，学生可以在任意时间、任意地点，对在线视频内容进行反复有针对性地学习。

（2）线下讨论学习。根据现在学习的内容，每个学生可以对讲解的内容进行重难点、疑点讨论，充分活跃课堂气氛，将学生变成课堂的主体，老师进行答疑、解惑，使教与学达到最佳的状态，同时照顾到各个层次的学生，每个学生都能学有所成、学有所获。

（3）线上练习。在完成线上学习和线下讨论之后，根据平台的设定，完成课后的练习、单元练习或拓展知识的练习等，利用平台的自动改卷功能，及时反馈学生的学习情况，减轻了教师批改的时耗，让教学从繁多的作业批改中解放出来，更好地做好教学设计，提高教学质量，学生也能第一时间获取自己的学习情况。

四、内容实施

无论是传统的教学模式还是线上线下混合教学模式，在教学过程中，首先要有教学设计。“教学设计”主要包括对教学内容的设定和分析，每一块内容的教学方法、步骤、时间以及要达到的目的和教学的评定等。教学设计能够很好地服务于教学过程，提高教学的效果，对教学内容的严谨和教学目标有很好的指导作用，从而避免教学过程中的随意性，从而实现教学最优化。混合式教学模式在教学设计时需要注意以下几点：第一，教学目标分析。教学目标是教学活动的指南，混合式教学模式的运用是以预设教学目标的实现为前提的。第二，教学内容分析。混合教学模式的采用，需基于教学内容的分析，不同的内容适合采用不同的模式。第三，教学对象分析。重视对学习者特征分析，对学生原有认知状态的分析和了解，甚至是学生学习风格的不同，都影响教学设计。

下面以浙江东方职业技术学院数字工程学院计算机应用技术专业的《数据库技术及应用》课程为例。该课程在高职院校中以应用能力培养为主线，强调培养学生的实践动手能力。在教学过程中，对于理论知识的教学以“必须、够用”为指导原则，着重实际编程能力的教学。课程的教学以项目教学的方法进行，突出“工学结合”，强化学生实践技能的培养。在制定该课程的混合教学模式之前，首先需了解学生感兴趣的线上学习方式和学习内容，制定规范的线上学习流程和评价方法，探索《数据库技术及应用》课程的特点和优势，设计线上线下混合教学模式的方案，通过收集线上资源，设计线下教学，研究线上线下混合教学模式具体应用与实施流程。

（1）根据时代发展情况、社会对人才的要求，以及院校的专业对学生的培养发展目标制定有针对性的人才培养方案，明确课程内容体系和重难点，明确课程需要讲授的知识点。该课程在浙江东方职业技术学院安排了 72 课时，按照知识模块进行划分，具体内容见表 1-3。

表 1-3 课程内容表

序号	模块	知识内容及要求	技能内容及要求	课时
1	设计数据库	（1）认识数据库； （2）安装与配置； （3）设计数据库	（1）会安装 SQL Server 数据库软件； （2）掌握设计数据库的基本步骤； （3）掌握 E-R 图的基本符号； （4）理解关系的基本类型； （5）理解数据库设计规范化	8
2	创建数据库及数据表	（1）创建和管理数据库； （2）创建数据表； （3）创建并管理索引； （4）设置数据表的完整性	（1）会创建、删除数据库； （2）会设置数据库的基本属性，会附加与分离数据库； （3）会创建、删除、重命名及保存数据表； （4）会创建、删除、重命名索引； （5）会创建主键，会创建检查约束，会创建默认约束，会创建外键约束	6
3	管理数据	（1）增加、删除、修改数据； （2）导入、导出数据	（1）能够用 INSERT 语句插入数据，能够用 DELETE 语句删除数据，能够用 UPDATE 语句修改数据； （2）会导入数据，会导出数据	6
4	数据基本查询	（1）用 SELECT 语句进行简单查询； （2）用视图进行查询； （3）用函数进行查询	（1）能够用 SELECT 语句进行简单查询，能够按照字段对信息进行筛选； （2）会创建并保存视图，能够对查询的信息进行排序； （3）会使用常用系统函数，会进行模糊查询	20

续表 1-3

序号	模块	知识内容及要求	技能内容及要求	课时
5	数据高级查询	（1）进行分组查询； （2）进行连接查询； （3）进行子查询	（1）会使用聚合函数查询信息，会对数据进行分类汇总，会使用 HAVING 子句限定查询结果； （2）能运用视图的可视化界面理解多表查询，能运用连接查询实现多表查询； （3）会运用 IN 子查询进行多表查询，会运用 EXISTS 子查询进行多表查询，能够定义局部变量，并给变量赋值	16
6	数据库编程	（1）T－SQL 编程基础； （2）创建存储过程； （3）创建触发器	（1）能够遵循代码的编写规范进行编程，能够运用 IF、CASE、WHILE 等流程控制语句，会使用 SELECT、PRINT 语句输出； （2）会创建并修改存储过程，会调用存储过程； （3）会创建触发器，会修改并删除触发器	12
7	数据库管理	（1）数据库的安全性； （2）数据库的备份和还原	（1）会创建登录，会创建数据库用户，会给数据库用户授权； （2）能够备份数据库、还原数据库	4
合　计				72

（2）建设线上资源。由于传统教学资源已经非常丰富，而线上教学资源的搭建非常重要，其中最关键的内容是教学视频的录制工作，直接关系到混合教学的成败。根据教学内容规划好教学设计后，需要建设好线上资源。教学视频资源建设可以由任课教师本人或团队进行教学视频的录制，录制工作需要做大量的工作，更需要学校的支持来录制高质量的教学视频；也可以选取网络上优秀的教学视频，根据本院该课程的大纲以及学生的实际情况，有选择性地选取适合本院的视频，同时根据教学视频制作合理的 PPT、教学教案、相应的课后和课堂习题等数字资源，形成一套完整的混合教学资源。基于“互联网+”在教育领域的广泛影响，当前线上教学的形式也是多种多样，如微课、慕课、网络课程等。

《数据库技术及应用》这门课程的教学目标是要求学生通过该课程实现对

数据库的创建和操作，操作性非常强，而高职学生的特点是理论学习能力偏弱、操作能力相对偏强。通过线上资源，可以将理论核心进行讲解并辅助恰当的实例让学生重复理解、消化理论，让教师集中精力在线下重点解决课程中的重难点，将从以往追求教学内容全面，只能兼顾班级大部分学生的教学状态中解放出来，教师不再是独角戏，以学生为主体，教师变成课堂教学的引导者、组织者、真正实施传道、授业和解惑。

（3）设计并实施线下教学。仅线上教学是远远不够的，应在线下结合线上教学的内容进一步巩固线上教学的效果，达到学生主动、快乐学习的目的。在线下，可以根据线上内容的教学知识点，组织学生以分组讨论的形式，对内容进行讨论和总结，最后通过老师的点评进一步总结。同时，通过适当的现场操作来巩固知识点。例如，《数据库技术与应用》课程，在线上进行理论和案例的学习，在线下，除了探讨线上的教学知识点，更需要进一步通过案例式或任务书来配合线上知识点进行应用，最终探索出适合该课程的，将线上教学与线下教学相结合，实用、有效的线上线下混合教学模式体系。

（4）完善线上线下混合教学模式。虽然现在线上线下混合教学模式比较多，像翻转课堂等，但每个院线招收的学生的能力，以及不同课程的情况不一样，并不能直接套用原有的混合教学模式，需要根据自己学校的特点，借鉴成功的经验，不断尝试符合本校学生该类课程的模式。在当前高度信息化的时代，手机非常普遍，在教学过程中，我们发现学生经常将手机作为消遣的工具，甚至变成学习的阻碍，导致课堂上出现“低头族”。应利用好手机这个工具，通过手机工具让“低头族”能够积极地参与课堂的学习。针对《数据库技术及应用》课程的线上线下混合教学，可以让学生通过手机端在线上实现移动式便捷学习通道，在线下通过教学平台，比如蓝慕云班课、超星学习通等实施电子点名，点名方式可以是普通的快速签到或手势签到或拍照签到等，线下简单练习的操作也可以通过手机端进行抢答操作等，总之，一切的目的都是为了让每一个学生能够融入课堂教学，参与教学过程。可以通过模式的实施过程对其进行修正并加以总结分析，提炼研究报告和成果，再在此基础上推广和应用。

（5）构建多维评价体系。传统的教学模式，一般都是采用期末考核占绝对的方式评价学生的学期情况，这种一“考”定音的方式存在明显的不足，无法客观体现学生长达一学期对该课程的学习情况，故有必要改变新的评价方式，特别是采用了新的教学模式之后。对于线上线下的混合教学模式，在评价中需要体现线上学习的成效，一般线上学习的平台都有比较好的统计方式，比如学生完成的观看视频量、线上的作业完成情况、参与线上知识点的讨论情况等，都能很好记录整个过程，可以作为最终评价的一部分。同时线下根据教学组织的形式，评价可由多部分组成，比如组内和组间互评、学生自评相结合，个人成绩和小组总分相结合等方法；还可以通过公开课的形式，让其他老师参与对该教学模式的评价等，总之，使评价形式从单一走向多元化。同时，评价要坚持民主性，改变教师一言堂的传统评价方式，由师生双方共同参与进行民主评价，既有师生的相互评价、学生集体的相互评价，还有学生个体的自我评价；对各小组作品进行的评价；既要包括老师对作品的评价，各小组之间对作品的互评，也要包括各小组成员对本组作品的评价。

评价主要为教学服务，通过制定合理的评价标准，以客观真实地反应每个学生的学习情况，同时也能不断促进课堂教学的调整，实现良好的教学秩序。

五、SQL 语句创建数据库和表的单元教学设计案例

按照线上线下混合教学模式的思路，先做好教学设计，按照教学设计做好视频的制作、教案的制作、互动设计、练习操作等。

这里以蓝慕云班课为教学平台展开混合式教学实验，需要学生使用手机参与线上和线下教学实施，让手机在课堂上为学习服务，尽量避免课堂上的“低头族”；同时在课堂上及时完成问题的回答或抢答，并以分组的形式提交到平台，让同学在课堂上实现相互学习和促进。

数据库和表的创建及实施方案见表 1–4。

表 1–4 数据库和表的创建及实施方案

所属专业大类：计算机类			专业：计算机应用技术	
课程名称：数据库技术及应用		适用对象：高职类计算机相关专业的学生		
教学环节	教学内容	教师活动	学生活动	设计意图
课前	（1）什么是数据库，什么是数据库内的表？ （2）创建数据库及数据表的方式，重点掌握 SQL 语句	在云班课平台发布课程相关的 PPT 教案、微课视频、案例、习题等内容	利用课前的时间学习视频内容，以寝室为单位完成习题操作	通过课前的线上学习，为线下学习做好准备

续表 1-4

教学环节		教学内容	教师活动	学生活动	设计意图
课中	导入	演示某个网站的后台数据库操作	播放视频，演示数据库的操作过程	做好记录，回答问题：哪个是数据库，哪些是表	为后续内容做好铺垫
	任务一	学习创建数据库的方法	讲解创建数据库的多种方法，重点是命令创建	打开 SQL2012 软件，操作建立数据库	实现实操的第一步，为表的创建做好铺垫
	考核一	利用云班课的平台，做数据库创建方法的抢答题	平台推送考核试题	在手机端完成试题的回答	知识点内容的巩固
	任务二	学习在数据库中创建数据表的方法，重点要求学会通过命令实现	通过平台发送实例，并发布操作案例	按要求完成各种要求的数据表的设计制作	完成各种条件下表的制作
	考核二	通过云班课平台，发布任务，并利用平台对同学做的任务进行评价	平台发布任务，要求学生完成并上交	分组讨论设计的方法并完成任务	巩固知识点，理论联系实际
	任务三	综合利用所学的知识，完成图书管理实例数据表的制作	通过云班课发布案例	学生分组讨论，一起完成任务	考察学生的知识应用能力
	考核三	点评完成的情况	通过云班课，随机抽查几组的制作情况	由组成员进行解说、分析，同学一起打分	多角度促进相互学习
	小结	总结本次课的重点、难点	完成总结，进行简单的概括，提出注意的问题	进一步理解本节课的知识点	总结知识点
课后		复习本次内容，并发布后续学习内容	通过平台发送本节课的课后练习以及新课程的教学视频	在线完成练习以及学习新内容	承上启下

在这个线下的教学活动中，穿插线上的教学内容，并通过平台提供的强大功能，比如随机选择学生、抢答问题等，对答对学生进行平时分考核分的奖励，通过各种奖励措施活跃课堂氛围，并在最后的考核中体现平时的表现，使得每个学生平时的努力都能得到回报。

六、小结

互联网信息化时代深刻地影响着人们的生活、工作、学习，利用这个强大的平台，使用电脑或手机终端对我们的教学做出相应改革是顺应这个时代大潮。这样新型的线上线下混合教学模式虽然已经提出很久并得到了教育部的强力支持，但改革不是一下能完成的，也不是直接套用某种模式就能成功的。为此，需要千方百计地设计好符合自己院校学生特点，适合采用线上线下教学模式的课程，进行精心的准备并实施，并在实施过程中根据出现的问题不断调整教学设计，总结经验、精益求精。任何教学模式的改革不是一个人能完成的，需要团结协作，需要学校大力的支持。

第四节　“课程思政”辨析与案例分析

习近平总书记在全国思政工作中强调，只有将专业课程与思政教育融合在一起，才能实现思政教育的全方位渗透，要用好课堂这个渠道，将思政工作和其他课程融合在一起，充分发挥二者的协同作用。课程思政作为近年国家领导人提出的新的理论，引领着全国传统的职业教育课程改革。有效地将课程思政与专业课程有机融合不仅是一门技术，更是一门艺术。

一、课程思政辨析

2019 年 3 月 18 日，中共中央总书记、国家主席、中央军委主席习近平在北京主持召开学校思想政治理论课教师座谈会并发表重要讲话。他强调，办好思想政治理论课，最根本的是要全面贯彻党的教育方针，解决好培养什么人、怎样培养人、为谁培养人这个根本问题。新时代贯彻党的教育方针，要坚持马克思主义指导地位，贯彻新时代中国特色社会主义思想，坚持社会主义办学方向，落实立德树人的根本任务，坚持教育为人民服务、为中国共产党治国理政服务、为巩固和发展中国特色社会主义制度服务、为改革开放和社会主义现代化建设服务，扎根中国大地办教育，同生产劳动和社会实践相结合，加快推进教育现代化、建设教育强国、办好人民满意的教育，努力培养担当民族复兴大任的时代新人，培养德智体美劳全面发展的社会主义建设者和接班人。

广大高校为进一步贯彻全国思想政治工作会议精神，落实中央、省市关于加强和改进新形势下高校思想政治工作的文件精神，加强和改进学校思想政治工作，全面推进“思政课程”向“课程思政”转变，发挥专业课程和通识课程的育人作用。课程思政是指以构建全员、全程、全课程育人格局的形式，在各类专业课的教学过程中融入思政教育内容，将思政教育的部分内容与专业知识深度融合，使专业课程与思政理论课形成协同效应，形成以“立德树人”为根本的综合教育理念。

高职院校加强思想政治教育工作，是职业教育“育人”的本质要求，而实施课程思政，则是落实立德树人根本任务的重要举措。高职院校培养的实用人才直接面向社会需要。也正因此，在将学生职业技能的教育放在教学工作首位的同时，更加要加强高职院校学生的思想品德的指导和引领，这既是高职院校社会责任的体现，也是高职院校对学生培养的基本内容。但从现状来看，我国高职院校对学生价值观的引领与指引缺少系统建设，浮于表面，且学生的认可度较低。

经过长时间的发展，高职院校始终将思政教育作为高职院校学生教育的基础课程，似乎已经形成了固定的体系，完成了较为成熟的规划和探索；然而事实却恰恰相反，长期的固有的模式导致高职院校思政教育与专业教育脱节。目前专业教师缺少一定的思政知识积累，对思政的认识存在一定的误区，认为思想政治教育是思政教师和辅导员的责任，但是，高等教育的目的是培养德智体美全面发展的人才，大学生在大学阶段不仅仅是专业知识方面的学习，还应懂得家国情怀、公民意识、行业规范等，懂得从本专业出发报效社会、服务人民。

将高职院校专业课堂内容与思政教育相互结合，意味着高职院校应将思政教育融入专业知识教学过程的方方面面。高职院校需要以专业知识的传授与学生价值观念的引导相结合为核心，在专业知识的教学过程中，将思政教育进行渗透与指导。将二者进行有机的结合，既可以丰富学生思政教育的维度和方法，同时也可以真正实现高职院校思政教育的真实意义，即将高职院校学生培养为对社会真正有价值、有责任、有担当的社会主义专业人才。

（一）坚持政治标准，把思想政治教育融入教师素质提升

广大教师要做学生锤炼品格的引路人，做学生学习知识的引路人，做学

生创新思维的引路人，做学生奉献祖国的引路人。专业教师需要真正认识到教学过程不仅是传授专业课的过程，而且是全方位育人的过程。这需要对教师进行思想政治教育培训，建立一支热爱教学、品行高尚、用心传道的教师队伍，使教师逐步认识到课堂思政和教书育人的关系，认识到课堂思政对专业人才培养的关键作用，从而在专业教学的过程中融入思政教育。应强化教师教书育人的使命感和责任感，提升教师的德育意识和价值教育能力，增强教师的人格影响力，促使教师当好学生健康成长的指导者和引路人，实现教育与教学的有机统一。

（二）坚持立德树人，把思想政治教育融入专业课程教学

专业课程的“课程思政”教学改革应从创新专业课程话语体系出发，注重提升专业教师思想政治育人的意识和能力。所有专业教师都承担着育人职责，各门专业课程都有育人功能，应把思想政治教育融入专业课程教育教学过程，深度发挥课堂主渠道功能，在课堂教学中，充分契合专业特点和课程内容，提炼专业课程中蕴含的文化基因和价值范式，将其转化为社会主义核心价值观具体化、生动化的有效教学载体，采取讲故事、说案例、看视频，教案设计、现身说法、学生演讲等活动形式，以“隐形嵌入”的方式将思想引导融入教学，实现知识传授与价值引导的有机统一。

把思想政治教育融入专业课程教学，编制适当的课程标准是实施课堂思政的前提，教师充分备课是实施课堂思政的保障，课堂上适时切入德育元素是实施课堂思政的关键。为了做好专业课的课程思政，专业课教师要在课前做好预先的方案设计，精心设计教案，通过文献查阅和案例分析，深入挖掘可进行思政教育的切入点，做好思政教育的预案。教师在课程设计中应科学融入德育元素，在每一节专业课上，也许只是教师的几句话、几张 PPT，并无需太多时间，但这样的教育对学生来说，就像涓涓细流，潜移默化，更容易被学生接受，更容易激发起学生的爱国情怀以及责任和担当意识，起到画龙点睛的效果。

（三）坚持以文养心，把思想政治教育融入通识课程教学

进行人才培养方案的修订和专业教学大纲的修订是实施课程思政的保障。人才培养方案是大学生培养的蓝本，在编制专业人才培养方案时应结合专业

自身特点提炼专业课中的德育元素，将通识体现在人才培养方案和教学大纲中，并且要在实际教学过程中开展教育。积极推进通识课程教学改革，构建公共选修课、任意选修课课程体系，从文学、历史、美学、艺术、数理逻辑等方面将诚信教育、挫折教育、敬业精神、团队精神、创新意识、规则意识、工匠精神、职业责任感和担当精神等融入课程，着力培养具有国际视野、家国情怀、人文精神等综合素养的人才。

（四）坚持以赛促学，把思想政治教育融入学生第二课堂

通过教师、学生等竞赛形式，检验思想政治教育推行成果，并提高“课堂思政”氛围。

教师层面，可通过开展教学技能大赛，注重课程思政知识的切入。如在课程的导入环节，可以结合该课程的发展历史和相关的科学家故事进行课程导入，要深入挖掘专业发展过程中蕴含的中外科学家的奋斗历程，加深学生对该课程所包含的人文精神的认识，踏实做好思政课程的第一步。也可以利用专业课中的典型案例进行思政教育，教学案例通常来自于经济和社会生活，具有一定的代表性，对于专业教学具有较好的推动作用。此外，教学案例中的社会背景、专业背景、经济背景是开展思政教育的最好抓手，可以利用专业背景讲解职业道德规范，有助于学生形成正确的人生观和良好的职业素养。授课教师可以选取具有正能量的教学案例、体现我国经济文化发展优越性的案例、符合社会主义核心价值观的案例。

学生层面，可以采用微党课、演讲、辩论等形式说说专业和自己的理想规划，从思政角度挖掘学好专业的重要性，同时培养学生的社会责任感，让他们能够怀揣一颗感恩的心，感恩社会，感受祖国的发展壮大。

扩大高职学生参与社会服务的范围，如参与环境治理、为老年人和残疾人服务、社会调查、法律咨询与服务、科技活动、慈善工作等。开展丰富多彩、充满特色的校园文化活动，倡导正确的价值取向，使学生学先进、树典型，对“积极向上、奋发图强”精神产生认同感和归宿感，并由此形成自己的良好准则。

高职院校要把思想政治工作贯穿教育教学全过程，贯彻习总书记在全国高校思政会议上关于“各类课程与思想政治理论课同向同行，形成协同效应”的讲话精神，推动高职院校思政课程向课程思政转变的新理念和新要求，立

足学校办学定位，结合人才培养特色和学生思想特点，构建全员、全课程、全方位课程思政教育体系。思政教育既包括社会主义核心价值观的基本内容，也包含专业素质的培养，因此，进行思政教育不仅是思政课教师的职责，而且是每一位专业课教师的职责。需要在专业课教学的过程中，把思政教育内容有机融入专业课教学过程中，以有效开展大学生理想信念、价值取向、政治信仰、社会责任的教育。

二、课程思政应用与实践

课程思政是现代职业教育课程改革的重要内容之一。高等职业技术学院的专业教师要领会课堂思政的重要性，要积极探索如何在传统的课堂教学过程中将课程思政有机地融入课堂教学环节。一方面能较好地完成课堂教学内容；另一方面融入课程思政，实现二者的有机结合，是每位专业老师在授课前需要准备的重要内容。

案例分析：教学课程思政的实施——以印刷包装专业为例。

为了更好地将课程思政融入印刷包装专业教学环节，课程设计应该包括以下流程：

首先，我们必须分析选择的课程的特性，寻找思政教育与专业课程的结合点，精心设计课程标准，完善教学课程内容设计。

其次，如何有效地选择专业与课程思政的结合点。课程思政内容与传统课堂教学有机融合的模式较多，下面列举几个典型案例加以说明：

（1）坚持政治标准，把国家思想政治理念教育融入课程教学环节。以印刷包装专业专业课教学为例，在讲解印刷包装专业课的过程中，一方面要讲解印刷包装专业知识，另一方面可以引入纸质人民币（印刷品的代表）的发展史和防伪识别技术，通过介绍人民币的防伪知识，以及国家对人们币的管理和对伪造人民币的犯罪打击等，让同学们更好地了解作为典型印刷品的人民币的鉴别、使用和爱惜等。

（2）坚持古为今用，把传统美德与课程内容有机结合。同样，印刷包装专业课程中，为了更好地将课程思政与专业课程有机融合，我们可以通过引入古代的四大发明及中国对世界的影响，将中国的传统文明与印刷包装专业教育有机结合。

同时可让同学们更好地了解中国的印刷发展史、世界的印刷发展史以及中国和世界的造纸术等。

通过案例的分析和以文养心的模式，将传统的优良文化和经典案例与现代的职业教育有机融合，提升课堂教学的内涵和知识面。在课程教育的过程中，可以适当引入微课模式或视频教学模式等，进一步提升课堂学习的效果。

（3）坚持德才兼顾，把职业德道和职业素养与课程教学有机融合。在讲解印刷包装专业课程的过程中，可以通过微课、视频或企业现场讲解的模式，让同学们了解印刷包装企业的实际生产过程和工作环境。在讲解专业知识的过程中导入工匠精神，培养高职生爱劳动、强技能的职业情操。

随着近年来国内经济快速发展，人们生活水平不断提升，很多同学的家庭环境都越来越好，但是上一代人爱劳动的朴素精神在现代孩子身上越来越淡薄，因此在培养现代高职学生技术技能的同时，应该加强爱劳动、执着、勤奋的工匠精神的培养。

（4）坚持以文养心，把思想政治教育融入通识课程教学。在讲解印刷创意设计等相关课程内容时，一方面要求详解相关的创意设计专业知识和设计软件的使用等，另一方面要将其与中国传统文化的优秀历史典故、创意设计发展史的优秀案例等相关内容有机融合，实现高质量育人。

当然除了以上常见的模式外，还有很多方式可以探索，这就需要我们投入更多的时间去研究与尝试。

参考文献

[1] 梁乐明，曹俏俏，张宝辉．微课设计模式研究——基于国内外微课的对比分析［J］．开放教育研究，2013，19（1）：67~71.

[2] 胡铁生．“微课”：区域教育信息资源发展的新趋势［J］．电化教育研究，2011（10）：61~65.

[3] 关中客．微课［J］．中国信息技术教育，2011（17）：17.

[4] 李巧芳，杨文美．我国微课研究现状及发展趋势分析［J］．中国教育技术装备，2013（30）：12~14.

[5] 郑军，王以宁，王凯玲，等．微型学习视频的设计研究［J］．中国电化教育，2012（4）：21~24.

[6] 寻素华．浅析微课开发在校内外的应用研究［J］．中央电化教育，2013（9）：123~126.

[7] 范福兰，张屹，白清玉，等．基于交互式微视频教学资源教学模式的应用效果分析

[J]，现代教育技术，2012，22（6）：24~28.

[8] 郑晓绵．高职院校思想政治理论课教学信息化改革——以智慧教学工具“雨课堂”的应用为例［J］．常州信息职业技术学院学报，2019，18（4）：36~40.

[9] 叶冬连，焦建利．国外开放教育资源的比较及启示［J］．中国电化教育，2010（10）：71~75.

[10] 桑新民，李曙华，谢阳斌．21世纪：大学课堂向何处去？——“太极学堂”的理念与实践探索［J］．开放教育研究，2012，18（2）：9~13.

[11] 寻素华．浅析微课程开发在校内外的应用研究［J］．中央电化教育，2013（9）：123~126.

[12] 沙永宝．“建构主义”在高职院校课程思政建设中的应用初探［J］．科教文汇（下旬刊），2019（9）：65~66.

[13] 吴日乐，雪婧．高校思政课教学的针对性和有效性研究［J/OL］．河南建材，2019（5）：354~356.

[14] 徐姚．“中国制造2025”人才培养背景下的《机械制造技术》课程思政研究［J］．中国校外教育，2019（27）：124，140.

[15] 彭晓云．基于精品在线课程的高职思政课教学模式改革与实践［J］．河北软件职业技术学院学报，2019，21（3）：48~51.

[16] 赵丽君．大学思政教学与中华优秀传统文化的融合研究［J］．郑州铁路职业技术学院学报，2019（3）：69~71.

[17] 何中生．优化思政课教学——增强思政课实效［J］．大众文艺，2019（18）：255~256.

[18] 姚会娟．基于“互联网+”线上线下教学模式的研究与探索——以《计算机应用基础》为例［J］．计算机产品与流通，2019（9）：264.

[19] 李建荣．线上线下混合式教学探索与实践［J］．教育教学论坛，2019（37）：164~165.

[20] 高路恒，王斯海，王海鑫．基于线上线下多平台的混合式教学方法研究与实践［J］．科技风，2019（25）：27.

[21] 胡雪梅，龚孟伟．论线上线下混合式教学模式在阅读教学中的实施［J］．文学教育（上），2019（9）：90~91.

[22] 曾九江，张明，李凌毅．基于“职教20条”实施背景下线上线下混合式高职教材开发的思考［J］．江西广播电视大学学报，2019，21（3）：64~67.

[23] 侯丽梅．基于移动技术的大学生英语竞赛辅导课程智慧教学模式探究［J/OL］．英语广场，2019（10）：118~119.

[24] 高玉卓，刘树老．环境艺术设计智慧教学模式初探［J/OL］．家具与室内装饰，2019：1~2.

[25] 孙晓．基于智慧教学模式在经济法课程中的应用——以雨课堂为例［J］．现代营销

（经营版），2019（10）：231.

[26] 郑晓绵．高职院校思想政治理论课教学信息化改革——以智慧教学工具“雨课堂”的应用为例［J］．常州信息职业技术学院学报，2019，18（4）：36~40.

[27] 李路，张波．基于数据中心的高校智慧教室管理系统研究［J/OL］．电脑知识与技术，2019（25）：1~4.

[28] 伍家恒，石雨潭．信息技术在智慧教室建设的应用［J/OL］．集成电路应用，2019（10）：64~65.

[29] 潘胜玲．大数据背景下高校智慧校园建设探讨［J］．电子世界，2019（17）：12，16.

[30] 刘海军．“智慧教育”环境的适用与搭建［J］．教学与管理，2019（23）：1~3.

第二章　课程考核方式改革与案例分析

课程考核是检验课程授课情况和学生学习情况的重要手段，因此课程考核是整个教学过程的一个重要环节，更是有效教学的一个过程。合理的考核方式和考核手段可以有效地提高教学质量和学习效果，因此课程考核方式的改革是必须的，也是必要的。

第一节　课程考核方式改革的必要性

伴随着我国经济社会的快速发展，各行各业对人才的职业能力素养和专业技能水平的要求也越来越高，高职院校必须持续有效提高人才培养水平才能满足经济社会发展对人才的需要，因此纷纷改革教学模式，积极开展校企合作、产教融合，努力实现“专业设置与产业需求对接、课程内容与职业标准对接、教学过程与生产过程对接”，促进产学研创结合，以提高学生职业能力与市场需求的契合度。但在整个人才培养过程中，高等职业院校还需建立一个行之有效的评价反馈体系，用以检验教学工作的实际效果，进而使学校能进行有效的诊断与改进，不断推动教育教学工作向科学合理、实用适用的方向发展，最终达到不断提升人才培养水平、向社会输送优质人才资源的目的。课程测试与考核就是为了实现这一目标，然而，受传统应试教育有影响，目前高职院校的课程考核还存在一定的问题，与当前职教改革还存在一定的差距。

一、课程考核现状

高等职业院校的学生，根据来源不同一般有两类：一部分来源于参加普通高考的普高生，另一部分是来自于单考单招的中等职业学校优秀学生。这些学生由于在高中阶段学习习惯养成不足，理论知识学习能力都较为欠缺。进入三年制高职院校后，学校内部对学生课程考核评价大体分为三大类，第一类是理论知识的考核，第二类是应会操作技能的考核，第三类是校企合作顶岗实习考核。其中，理论知识考核一般在每个学期结束时测试，由各专业教师组出试题，经过主管教学的二级教学单位院长审核，教务处组织考试，考试一般以闭卷为主，也有些课程采用开卷或半开卷形式。题型通常包含4~6种，以选择题、填空题、名词解释题、论述题、案例分析等为主，考核的内容偏重记忆和理解。最终成绩包括终结性测试（占总成绩的60%~70%）和形成性测试成绩（占总成绩的30%~40%），形成性测试通常包括作业完成情况、课堂出勤率、课堂表现情况、课堂笔记等。应会技操作技能测试主要考核学生实际操作能力，考试内容又可分为两大类：一种是教师根据测试要求，布置任务，学生根据理解制作产品，教师再根据作品质量优劣评定等级或分数，这类技能考核发生于实训课堂之中，教师观察学生制作过程，学生在平时接受过大量训练可以很快制作出产品；另一类是教师给定主题，学生从设计到制作过程，从原材料的选取到最终产品的形成完全由自己掌控，自我发挥的空间比较大，由于难度较大，学生在课下通过协作完成。顶岗实习考核一般为半年到一年，学生到学校指定的合作企业或产业学院实习，由企业的指导教师根据学生实习期间的行为表现和工作的完成情况，例如是否按时到岗，是否遵守相关规定，工作态度是否认真，任务的完成度等评定等级，并将评语一同写在实习报告中，学生回校后交给学校。学生通过努力完成各阶段考试后，获得相应课程学分，还将面临毕业考核，大部分院校的毕业要求是学生各门成绩达到一定学分，考取1~2个本专业的职业资格证书。职业资格证书的考取需要通过理论知识的考试和实践技能考核，两者考察方式不同：一是传统的纸笔测验或利用计算机考核检查学生专业理论知识的掌握情况；二是通过现场操作，评价学生技能情况。以标准分制作为评价标准，60分为合格，试题内容从相关领域专家编订的固定试题库中抽取。部分学生通过三年学习，能够顺利获取职业资格证书；也有部分学生无法获取，这类学生只要成绩合格也会颁发毕业证书。

二、课程考核存在的主要问题

（一）评价主体过于单一

从传统的课程考核评价来看，评价的主体主要是教师，教师评价贯穿于整个课程与实践评价。绝大多数高职院校对学生在校期间的评价都以教师为主，包括专业课教师、公共课教师和班主任，由于专业和研究领域的局限性，“以生为本”的理念很难得到贯彻，教师作为主体对学生的评价只能从教育视角出发，从教师的本位出发。而我国传统的教育视角侧重于理论知识的考查，更多的是注重已有知识的记忆能力的测试，往往忽视了学生的发展，学生实践操作能力并未得到应有的重视。每个学期的期末考试，除了理论考试外还有实训课的考查，考查主体仍是教师，加上部分教师对学生的评价不只从学生的科目成绩或作品质量出发，有时还会带有个人感情的因素，如平时学生与教师的关系疏密程度也会影响最终的成绩评定，这就难以保障评价的客观性。此外，学生作为学习的主体很少参与评价过程，缺少学生自评和互评，难以帮助其养成自我反思的好习惯。另一方面，老师本是学生的引路人，但是在传统教学模式下，任课教师往往过于关注知识的掌握，灌输各种知识给学生，而学生只是被动的全盘接受。这种方式下，教师是主角，学生只是配合教师的教学行为，没有主动的学习与构建。但是教育的目的是培养人才，“以学生为中心”才是教育工作的出发点和落脚点，传统的课程考核评价缺乏对学生的组织引导，没有建立起学生的主体地位，使得学生在学习过程中缺乏积极性和主动性，没有创新探索的意识，遏制了学生的全面发展。

（二）评价标准趋于简单

从学生入学的情况看，各高等职业院校的学生进入分数都相对较低，绝大多数是来自于高考三段线的学生，对理论知识掌握还不太牢固。由中等职业学校升学的学生虽然具有一定的实践技能，而且缺乏全面的理论知识，而且这部分学生由于学习习惯不好，理论学习不够扎实，对后期提高人才培养质量有较大的影响。从对学生的形成性评价看，评价标准不完备，难以发挥评价应有的功效。对学生的考核评价没有行之有效的评价准则，教师没有可以参照的评价标准，尤其是形成性考核那一部分成绩，大多教师依据个体主观意愿给定成绩，特别是有些从教年限不长的教师，在教师毫无经验的情况下很容易使评价结果出现偏差。另一情形是，理论考核中固定答案作为评价标准，要求学生做题必须与答案相符合，与实际生活并不相符，很多情况是，生活并不完全是“非对即错”的情况，这种唯一标准答案的评价致使评定标准过于严格而缺乏灵活性，严重束缚了学生的思维，有的时候挫伤了学生学习的主动性甚至磨灭了学生的创造性。根据学生实训课制作的成品来判定成绩，如果作业必须按照教师提出的具体要求完成，那么学生无创造空间，成品也区别不大，加上学校未制定有关于学生作品的价值指标、过程指标、态度指标等指标体系，难以有准确的检测结果，继而学生得到的反馈不强，在下一次制作中出现同样错误的几率非常大，导致高职院校学生实践能力低。同时，考试的内容套路化、模板化，强调学生的考试结果，忽视学生在学习过程中表现出来的学习态度和精神，没有检查学生的思维模式，在不了解学生思想的情况下，难以对学生进行正确有效的引导，也难以检查出教学过程的疏漏，使得教学内容和方式失去了正确的方向。这种“一卷定优劣”的评价方式，缺乏对学生的综合素质和创新能力进行评估，也可能对学生的学习心理和习惯造成消极影响。传统的评价观依据的是学生的期末成绩，这不仅是学生的各项评价和奖励的检验标准，也与授课老师的工作绩效挂钩。但其只是对学生现阶段知识掌握程度的甄别，而没有注意到学生的学习能力和学习态度，导致学生在学习上花费的时间和精力不够，学生只是为考试而学习，老师只为了分数而教学，因此学生的学习能力和综合素质得不到发展，这种根深蒂固的评价观不利于教育的发展。

（三）评价内容相对片面

评价内容未突出职业能力和职业精神的考核。高等职业教育的目的是为劳动力市场培养需要的高级技术型人才，相应的高职院校制定的人才培养模式必须突出技能的学习，对学生的考核也应该强调具体的工作环境和实际操作流程。目前来看，大部分高职院校实训课程的评价体系遵循学什么任务就做什么产品的初级阶段。例如，教师讲解了某一个零件的制作过程，在学期考或作业中仅考评该零件的制作质量，缺乏对整个工作流程的考核，学生只需完成单个任务即可，缺乏团队交流合作的精神和能力。没有经历过真实的工作情景，过于封闭的环境不利于提高学生的职业能力，进入实际岗位后，学生很难快速适应。此外，理论知识的考核内容不全面，缺乏对德育职业指导等“隐性课程”的评价，但这些隐性课程往往才是学生职业核心素养形成的关键。

（四）评价方式固化陈旧

大部分高职院校的评价方式以理论考评为主，对学生实训课程的要求过低，使学生只会机械地记忆书本知识，不会在实际岗位中进行操作。这种以考试为主的单一评价方式，不仅忽视了学生应用能力的考查，而且造成了理论知识与操作技能的分离，学生终日被统一的考试包围，极易产生厌倦敷衍的心理，会导致重理论轻实践。我国的教育长期以来一直受到应试教育的影响，教师在教学过程中，只注重学生对于基础理论的掌握和知识点的记忆，缺少对学生的知识应用能力、自主学习能力的关注和培养。考试的内容悉数来源于教材或参考资料，内容具有一定的局限性，不能考查学生对于所学知识的实践能力和反思探索能力，而社会的发展又要求人才具备更优秀的实践动手能力和创新意识，高职院校在高等数学的教学过程中若还是因循守旧，将不利于学生应用创新能力的培养，违背人才培养的目的。学生考取技能证书也同样存在类似问题，国家职业资格考试通常简单地从试题库中抽取试卷作为理论考试内容，学生可以通过“题海战术”，多做习题的方式熟悉出题规则，并不能真正掌握其中的知识体系，更难将所需知识运用到工作岗位中，这种只注重结果的检测方式必然会限制学生进入劳动力市场后的再学习能力，致使他们难以跟上快速变化的人才需求。

（五）评价方法日显落后

在进行课程考核过程中，绝大多数高职院校还采用相对传统的做法，即使用统一的试卷、同一时间进行考核的方式。依然是采用传统的 A、B 卷方式，使用纸质形式，一方面在考核过程中还是不可避免地存在课程考核的作弊问题。这一弊端在理论课程的测试中尤其明显，从调研的情况来看，采用这种方法进行课程考核，不可避免地挫伤了部分认真学习的学生的积极性。另一方面，由于单一纸质试卷的命题，也使得考核检测的面相对较窄，部分学生因“一考定终身”而无法获得毕业证书，对学生的学习起到消极作用。

第二节　课程考核方式改革的探索

一、改革考核评价思考

（一）引入利益相关者参与并形成多样化的评价主体

高职人才培养模式的“职业性”定位要求对学生学业评价应扩大参与面，

尽可能让所有职业教育利益相关者参与。企业是高职人才的最终受益者，应协助院校严格把关。近些年，我国相继颁布了《中共中央办公厅、国务院办公厅关于进一步加强高技能人才工作的意见》《国家中长期人才发展规划纲要（2010—2020年）》和《推进企业技能人才评价工作指导意见》，提出要加快评价机制改革，推进以企业为主体的高技能人才队伍建设；构建以企业为主导的评价体系，并让其代替以学院为主导的评价，将企业作为学生学业成绩评定的首要主体。在学生实习阶段，由带领学生的一线技术工人负责对学生工作态度和工作过程进行首次考评，再由企业负责学生实习的具体部门再次对学生操作能力进行考评，并对优秀学生进行表彰。院校作为基础性评价主体，应本着负责任的态度参与评价过程，尤其是对学生有直接影响力的教师。为此，院校应定期组织专业教师召开会议和开展培训，一方面商讨考试规范和执行标准；另一方面通过培训加强教师理论学习，不断更新考评观念与方法，提高教师评价水平和能力。学生是学习的主体，也是个人学业的评价主体，教师在日常课程中需注意引导学生对自我、对他人进行评价，使学生成为评价的主体之一，以利于提高他们的自我反思能力。

（二）从提升学生质量出发制定高标准的评价标准

首先，高职院校需要提高其社会影响力，提高诊断性评价标准，即提高学生入学门槛。高职院校中有许多智能化的新兴专业对职业人才质量的要求提升了一个层次，需要从内部和外部两方面入手，达到提高入学门槛的目标，避免学生质量不高进入工位后处于被动状态而造成恶性循环。一方面需要加大宣传力度。大部分高职依附于本科院校培养人才，在招生前期，通过线上在本科院校网址中设置宣传窗口或咨询窗口，引起家长和学生的关注；借助媒体宣传特色专业，大部分的专业都是最近几年兴起的，也是将来劳动力市场必不可少的，相对于传统专业来讲，更有发展潜力。另一方面，需要政府的关注。政府应授予本科自主招生权，制定相应招生方案并向学生家长公布报考要求，使学生可以在高中阶段早做准备。招生方案应侧重考查学生的动手能力、实际操作能力。其次，评价标准的完善。只有完备的评价标准才能够保证评价结果的效度。我国现已颁布的国家职业资格标准中，用操作性评语描述了每一项职业的技能要求和相关知识，比如说电子商务师必须能够根据电子商务系统的整体规划进行网站功能设计，能够撰写功能设计的实施方案等。该规定可以作为学生技能评价指标的大致方向，在学生实习过程中，企业可以结合自身的实际操作情况进一步制定学生实习评价标准。对于学校内部课程的评价标准，可以将学生学业态度、专业知识、职业精神作为一级指标。其中学生学业态度之下可以分为上课纪律、作业完成、遵守学生行为规定等二级指标，然后对每一条二级指标进行操作性描述。专业知识的二级指标可以根据我国职业资格标准中规定的学生需要掌握的技能来制定。职业精神之下可以包括职业道德、责任心、实践创新等二级指标，以使学生不仅会实际操作，还具有正确的价值观，成为具有“工匠精神”的合格的高级复合型技能人才。

（三）增加职业素养知识，形成全面的评价内容

不论是在理论上还是实践上，高职院校的学生应具有更广泛、更系统的专业知识，因此，需要评价内容更加全面，不仅涉及看得见的知识技能，还要涉及看不见的潜在能力。教材是教学内容的重要组成部分，决定了学生应具备的基础知识，应保证理论课的评价内容包含教材中所有关键性的知识点，使考核内容具有较高的精细化和专业化。理论课的考核要注意职业精神部分，这是看不到摸不着的，可通过让学生解决实际问题来完成。实训课的考核内容需要与企业产品设计的流程相同，从理念转变成实物，还需具有典型工作任务的特点，即通过该考核内容可以检测学生的团队协作能力、处理工作中突发事件的能力等。总之，形成性评价是学生评价体系中最重要的部分，学生的操作能力都是在平时的学习中形成的，它决定着高职学生的质量。

（四）融合理论知识与实践技能的考核，构建灵活的评价方式

改进评价方式，关键是要能够高效检测学生学业质量。教育者应明确，出题作答得分的方式只能说明学生记忆力的高低，但职业教育为企业培养的人才不能仅靠记忆力，必须有解决问题的思路和熟练的操作能力，高职培养的学生还需要有一定的创新创造能力。因此，高职院校需改变笔试占据主导地位的学业评价方式，根据不同专业的具体情况，灵活采用各种方式进行学业评价。毕业论文是终结性评价中必不可少的环节，由教师提出要求，学生自主探寻，通过阅读或实验等整合材料，撰写出论文后与同学进行交流，由学生和教师共同评定等级。口试是我国自古以来的考试方式，所谓口试就是

“由主试者面对面向考生提问，要求考生当场口头回答问题；或者由主试者将考题制成考签，由考生任意抽取，经若干时间准备后，作出口头回答，主试者可以视考生回答情况继续追问或补充提问”。在今天也可以采用该评价方式，检测学生口头表达能力和逻辑思维。除此之外，还可以通过上机考试、现场演示、作品分析等方式进行考评。学生在学习期间参加竞赛取得的成绩也应作为终结性评价考评内容之一，这需要院校多联合企业或独立举办能够展示学生技能的竞赛活动，及时发布国家级、省级举办的技能比赛信息，并鼓励学生参加。高职院校应灵活变换学生学业考评方式，将知识与技能考核结合起来，理论与实践融为一体，让学生多动手、多操作、多思考，努力培养出更多的适应社会主义现代化建设的高技能人才。

二、大数据应用于课程考核与评价

大数据的应用价值不仅仅是建立一个庞大的数据集，更重要的是如何对数据进行处理，从而获取更有用的信息。在课程考核与评价中应用大数据技术，首先应该尽可能全面地采集学生的学习行为、思想道德、职业素养等数据。在海量数据的基础之上，研究切实高效的挖掘处理方法，并结合云计算、物联网等关键技术进行研究，最终构建一个安全、高效的管理平台。

（一）转变考核观念与形式

传统的教学模式需要学生具备一定的自主学习能力与良好的学习习惯，但高职院校的学生由于自身能力、学习兴趣等因素影响，往往教学效果不尽人意。影响高职学生成绩的因素很多，除了学习能力、学习习惯、学习兴趣外，还有家庭、情感、身体、心理等。单纯把作业情况、出勤率等常规数据作为平时成绩，再结合期终考核结果给出最终评价的方式显然不能科学、全面、客观地反映学生学习情况。现阶段的考核评价多以任课教师为主，无法全面结合课程各参与方的意见；考核的主体除了任课教师可以评价学生的知识、技能掌握水平外，辅导员的参与可以从思想道德、公益素养、集体观念等方面评价职业道德水平，实践单位的参与可以从责任意识、创新意识、服务意识等方面评价岗位适应能力等。

（二）拓展考核内容

任课教师在教学改革的形势与压力下，虽在不断完善教学设计，但实际教学与教学设计还是存在明显偏差的。课程考核的重点内容大部分仍是知识考核。根据人才培养方案的逐步调整与完善，课程考核内容应以知识掌握、能力培养、素质拓展并重，从而更好地适应新时代高职教育的发展要求。科学定位考核内容，将学生对知识的理解及思考、应用能力作为考核的重点内容。

（三）创新教学管理体制

教学管理体制改革应以“大数据”为方向，利用大数据海量性、高速性、多样性和价值性的优势，促进管理体制从传统的文件管理向数据管理转变、从单一的信息查询与统计向数据的分析、挖掘、利用转变，逐步建立起面向学生的考核评价与反馈机制。任课教师、辅导员、企业导师负责数据的采集和录入，技术部门负责数据格式的规范、数据的分析、处理与利用，教务部门负责制度制订、评价结果审核等决策性事务，逐步建立起由教务部门牵头，信息技术部门、学工部门、实习单位等参与的考核评价组，逐层推动改革的数字化进程。

（四）课程评价的几个过程

首先，进行学习行为数据采集。学习行为数据不但可反映学生的学习基础、学习能力、学习兴趣、学习态度等，也能一定程度上体现教师的业务水平、教学驾驭能力。它包括的数据有预习情况、学习提问、作业完成时段、知识点停留时间、测试成绩等。通过物联网技术记录学习过程的视频，可为完成作业和在线测试的独立性、真实性分析提供依据；通过建立并完善在线开放课程建设，可以采集学生预习、提问、作业完成情况等数据。学习行为数据采集得越全面，课程考核反映的学生学习情况越真实、越科学，也能为教师在教学内容、教学方法、教学手段等方面的改进提供可靠依据。

其次，数据挖掘及利用。数据挖掘是从采集的数据中发现潜在规则和隐藏信息的过程。可以将统计、在线分析、专家系统等方法很好地应用到课程考核中去。对算法进行运用并改进，可以很方便地求出各种教学数据之间的关系以及它们对课程考核结果的影响，由频集产生的强关联规则也可以应用于课程设置、教学评价中。应用相关算法可将教学过程数据构建一个决策树，应用决策树可以快捷、准确地判断课程考核等级，对于顶岗实习、专业实训等实践课程的评价也有很强的指导作用。

最后，关键技术研究。大数据在高职院课程考核中的应用在方案制订、政策引导的基础上，如果不对关键技术展开研究，也等于空谈。利用先进的云计算、物联网、移动互联等技术，构建一个完善的教育教学管理平台是对数据进行采集、分析、利用的先决条件。云计算可以提供数据共享、数据处理能力提升的解决方案；物联网、移动互联可以帮助教师更全面地采集教学数据，拓展数据应用的时空界限。

第三节　基于 Excel VBA 的《会计电算化》课程考核新探索

根据信息化发展的大趋势，当前我国高职院校会计类专业基本都开设了《会计电算化》课程，课程基本都是依托企业运用较广的财务软件开展教学，如用友财务管理软件、金蝶财务管理软件。然而，运用软件教学都面临一个如何评价学生学习效果的问题，应通过对学生实训结果的检查，及时指出实训中存在的问题，一方面可以纠正学生的错误，顺利开展后续实训项目；另一方面，通过检查给学生一定的压力，有效提高学生的学习积极性和学习动力；当然还能为教师开展有效教学，及时发现学生学习的薄弱环节，做到有的放矢提供第一手数据。

一、传统课程考核存在的主要弊端

目前各学校针对《会计电算化》课程考核采取的方式，不外乎有以下几种：期末纸质测试、纯手工检查实训账套、引用考试系统测试，下面将从几个方面分析存在的主要弊端。

（一）期末纸质测试存在的主要问题

根据调研，目前还有部分高职院校采用纸质测试形式考核学生《会计电算化》课程的学习效果。通过传统的单项选择题、多项选择题、判断题及业务操作描述题等题型去考核学生对软件操作的掌握程度。此法在过去学院硬件设备投入严重不足的情况下不失为一种有效的方式。但目前高职院校实训教学条件大大改善，基本都可以实现单人单机的实训，再要求学生去背这些通过简单操作就可以实现的操作步骤显然与高职教育特点相违背。通过记忆取得高分的学生不一定能够很好的完成软件的核算操作。

（二）纯手工检查存在的主要问题

这种方式也有不少高职院校会计专业采用，即学生课堂进行实训，下课后或项目完成后，通过财务软件的备份（输出）功能将实训结果以账套包的形式上传给任课教师，任课教师再通过财务软件的恢复（引入）功能将学生的账套包引入到软件系统，并逐一检查学生实训的情况。这种方法将学生所做业务全部核对一次，可以发现一些操作上的错误。

但该方式存在诸多的缺点：一方面，随着软件功能的不断拓展，各软件的账套包容量不断增大，如用友 U8.11 一个账套包只有 10M 左右，而到 U872 已经是近 1G 容量，账套解压及引入过程需 3～5min，如果学生达到 100 人，每次仅账套引入系统将消耗几个小时，更不要说检查过程了。另一方面，教师仅通过观察对比，在数据量极多的情况下，很难快速发现学生操作上存在的问题，如对一些辅助核算基本上无法指出学生的实训错误。因此，使用这一方法最后教师痛苦不堪、对学生学习效果的促进也起不到多大的作用。

（三）考试系统评价存在的主要问题

当前，多数财务管理软件公司都依托自己的账务管理系统开发了相应的考试系统。如用友就有几个版本的考试系统，用友认证考试系统、用友教考系统等。使用考试系统进行测试可以很好地检查学生操作考试试题的水平。但一般考试系统的采购都需要高昂的采购费用——几万到几十万元，并不是一般的高职院校愿意支付的教学费用。而且，考试系统题目的生成基本依赖于相关软件公司，题目制作与教师教学无法很好地有机结合，无法实现平时教学的过程性评价，用友教考系统已经开放了教师制作题库的功能，但操作过程复杂及制题的前后约束使很多任课教师望而却步。采用期末一次性测试会给学生带来投机的思想，学生期末只需通过简单重复练习测试中出现的几道操作题就比较容易过关，而实际分析问题、解决问题的能力却没有得到提高。

二、基于 Excel VBA 的考核改革的基本原理

在用友软件中，大量的实训资料都可以通过界面上的“输出”功能进行

Excel 格式的数据输出。这为考核改革提供了坚实的基础，将通过标准账套与评价账套分别输出的 Excel 数据运用 Excel 丰富的公式进行比对，从而可确定学生实训成绩并指出出错的地方，下面具体以会计科目表的考核简单阐述基本原理。

（一）输出 Excel 数据

首先输出标准账套的会计科目表，具体方法是在“会计科目”管理界面下点击“输出”，选择保存类型为“Microsoft Excel 97－2003（＊.xls）”类型，取名为“测试数据”工作簿。同时，采用相同的方法将学生账套导出数据，并将其放置到“测试数据”工作簿的第 2 张表页上。以学生学号为表名存储。

（二）数据比对

在第 3 张表页上输入比对公式，使用 EXACT（text1，text2）函数进行测试，EXACT（text1，text2）函数用于检测两个字符串是否完全相同。参数 text1 和 text2 分别表示需要比较的文本字符串，也可以引用单元格中的文本字符串，如果两个参数完全相同，EXACT 函数返回 TRUE 值，否则返回 FALSE 值。如果学生账套数据与标准账套中数据一致就返回 TRUE，当发现返回值为 FALSE 时，说明学生实训结果有误。

（三）Excel VBA 实现结果的统计与分析

最后将数据对比的结果按考核的要求进行量化，因此，应该将结果进行统计分析。手工分析过程一方面工作过于复杂，同时准确性不高。所以，建议引入 Excel VBA 简单编程进行结果统计汇总，假设本次考核分值为 Y，根据比对采分项目为 N，如果所有比对结果为 TRUE 的项目为 n，则最终该项目的得分为 $y=\frac{n}{N}\times Y$，然后综合所有考核项目，最终生成学生实训结果的成绩，供评价学生学习效果使用。

三、具体实现过程

引入 Excel VBA 后，原理中所讲的 1 和 2 均由 VBA 相关模块和函数完成，下面具体以设置会计科目任务考核为例介绍全部过程。假设标准账套为 2011

年1月，账套号为888，学生账套为2011年1月，账套号为999。相应这两个账套在MS SQL Server2000中对应的数据库分别为UFDATA_ 888_ 2011和UFDATA_ 999_ 2011两个数据库。会计科目的信息存储在code表中，关键字段主要有9个，分别为科目类型、级次、科目编码、科目名称、助记码、外币币种、计量单位、辅助账类型、账页格式等。

（一）设置开发环境

在提取信息之前，建立新的工作簿，按快捷键Alt+F11进入VBA工程窗口，由于通过VBA访问用友ERP-U8后台MS SQL Server2000数据库采取的是ADO访问方式，ADO（ActiveX Data Objects，ActiveX数据对象）是Microsoft提出的应用程序接口（API）用以实现访问关系或非关系数据库中的数据，Excel默认启动是未引用ADO数据对象的，所以在使用VBA访问SQL Server2000数据库前，需要添加ADO引用。通过菜单“工具”“引用”命令，选择“Microsoft ActiveX Data Objects2.8 Library”并单击“确定”，接下来就可以使用ADO进行编程了。

（二）编写模块代码

为提高代码的复用率，我们将相关处理过程编写成模块。在VBA工程窗口，在“模块”上右键，选择“插入”—“模块”命令。主要模块包括4个，分别是提取会计科目信息、评分程序、提取标准数据、具体评分。

1. 编写提取会计科目信息的代码

在VBA中将从MS SQL Server2000相应数据库中取数的程序做成模块，在模块中写入如下代码：

```
Rem 从数据库中提取数据到EXCEL表格,参数Sheet表示提取数据存放的数据表名称,参数DataID表示账套的数据库名称。
Public Function QueryData(Sheet As Worksheet,DataID As String) As Boolean
    Dim conn As New ADODB.Connection
    Dim rst As New ADODB.Recordset
    Dim strConn As String
    Dim strSql As String
    Dim i,j As Integer
```

```
        strConn = "Driver=SQL Server;Server=127.0.0.1;Database=" & DataID & ";uid=sa;pwd=;"
        conn.Open strConn
        strSql = "SELECT cclass,igrade,ccode,ccode_name,chelp,cexch_name,cmeasure,cother,cbook_type FROM code   ORDER BY ccode"
        rst.Open strSql,conn
        Sheet.Cells(1,1) = "类型"
        Sheet.Cells(1,2) = "级次"
        Sheet.Cells(1,3) = "科目编码"
        Sheet.Cells(1,4) = "科目名称"
        Sheet.Cells(1,5) = "助记码"
        Sheet.Cells(1,6) = "外币币种"
        Sheet.Cells(1,7) = "计量单位"
        Sheet.Cells(1,8) = "辅助账类型"
        Sheet.Cells(1,9) = "账页格式"
        j = 2
        Do While Not rst.EOF
            For i = 1 To rst.Fields.Count
                Sheet.Cells(j,i) = rst.Fields(i - 1).Value
            Next i
            j = j + 1
            rst.MoveNext
        Loop
        QueryData = True
        rst.Close
        conn.Close
    End Function
```

2. 编写评分程序代码

```
    Rem 提取学生账套并评分,该函数返回。
    Public Function Score() As Double
        Dim CellCount As Integer
        Dim CorrectCells As Integer
        Dim iScore As Double          '计算分数
```

```
    Dim iRow As Double         '答案行数
    Dim iColumn As Double      '答案列数
    Dim i,j As Integer
    Rem 提取学生账套到 sheet2 表
    Dim Flag2 As Boolean
    Dim DataName As String
    Rem 取到学生账套数据库名称
    DataName = "UFDATA_" & Trim(Worksheets(1).Cells(2,2)) & "_" & Trim
(Worksheets(1).Cells(3,2))

    Flag2 = QueryData(Sheet2,DataName)
    If Flag2 = True Then MsgBox("取数成功")
    iRow = Worksheets(3).UsedRange.Rows.Count
    iColumn = Worksheets(3).UsedRange.Columns.Count
    CellCount = 0
    CorrectCells = 0
    iScore = 0
    For i = 1 To iRow
        For j = 1 To iColumn
            If Worksheets(3).Cells(i,j) <> "" Then CellCount = CellCount + 1
            If Worksheets(2).Cells(i,j) = Worksheets(3).Cells(i,j) And Worksheets
(3).Cells(i,j) <> "" Then
                CorrectCells = CorrectCells + 1
            End If
        Next j
    Next i
    iScore = 100# * CorrectCells / CellCount
    Score = iScore
End Function
```

3. 编写提取标准数据过程

```
Rem 取标准账套数据到 Sheet3,并将内容隐藏。
Public Sub GetAnswer()
    If Sheet3.Visible = xlSheetVisible Then
```

```
        Dim Flag1 As Boolean
        Flag1 = QueryData(Sheet3,"UFDATA_888_2011")
        If Flag1 = True Then MsgBox ("取数成功")
        Sheet3. Visible = xlSheetHidden
    Else
        MsgBox ("对不起,你没有权限提取标准数据!")
    End If
End Sub
```

4. 编写具体评分过程

```
Rem 调用评分程序,并将分数显示到 B4 单元。
Public Sub GetScore()
    Worksheets(1). Cells(4,2) = Score()
End Sub
```

(三) Excel 设置实现

返回 Excel 工作簿的 Sheet1 界面，做如图 2-1 所示设置。

	A	B
1	会计电算化实训阶段评测系统	
2	账套号：	999
3	会计年度：	2011
4	分数：	
5		

图 2-1　Excel 工作簿的 Sheet1 界面

通过右击快捷工具栏，选择“窗体”命令，打开窗体控件面板，从中拖动命令按钮到 Sheet1 的 C2 单元格位置并绘制合适大小，放开鼠标后指定宏为 GetAnswer，并将按钮文本修改为“提取标准数据”，用相同的方法在 C3 单元格位置放置另一按钮，并将其宏指定为 GetScore，并修改文本为“评分”。设置好后如图2-2所示。

教师可以在自己放置了标准账套的机器上点击“提取标准数据”按钮，

图 2–2　操作界面

从标准数据库中提取科目信息至 Sheet3 表页上，当看到提示“取数成功”后 Sheet3 被隐藏。此时教师可以将“提取标准数据”按钮删除，以防学生误按。同时，将工作簿下发给学生，学生将账套号和会计年度输入后，直接点击“评分”按钮后 B4 单元格将显示学生所得的分数。作者使用 999 账套实验后所得成绩如图 2–3 所示。

图 2–3　使用 999 账套实验后所得成绩

四、改进后的思考

（一）此法优点

首先，由于大多数任课教师要求学生采用唯一的学号作为账套号，故可以有效杜绝学生实训中复制他人账套，有效地促进学生进行模拟操作；其次，通过应用本方法，教师可以从繁重的账套查看中解放出来，通过点击按钮直接得到学生的完成情况，省时省力；再次，每次的检测，可以提高学生实训的积极性，让学生有一种被监督的感觉，同时也给学生一种成就感；最后，由于可以直接提取标准账套数据，所以比较适用于教师随机给定资料，不受固定试题的限制。

（二）主要缺点

如果要很好的使用本方法，一方面要求教师具有一定的 Excel VBA 使用经验，对计算机操作本身要求比较高；另一方面，熟悉用友 ERP-U872 财务管理软件数据库的基本结构及相关表的组成。下面列举部分常用的数据表，具体见表 2-1。

表 2-1 用友 ERP-U872 数据表名参照表

模块	数据表名	内容	模块	数据表名	内容
AS	Code	科目档案	AS	Vendor	供应商档案
AS	Customer	客户档案	GL	GL_ accass	辅助总账
AS	CustomerClass	客户分类档案	GL	GL_ accsum	科目总账
AS	Department	部门档案	GL	GL_ accvouch	凭证及明细账
AS	DistrictClass	地区分类档案	GL	RP_ bankrecp	银行对账单
AS	Inventory	存货档案	GL	RP_ cheque	支票登记簿
AS	Person	职员档案	GL	GL_ bfreq	常用凭证表

会计电算化实训课程考核形式的改革还有待进一步的探索，还需要进行多方位多角度的尝试，只有不断创新改革，才能促进学生更有效地掌握相应的操作技能。上述操作在 Windows XP+Excel 2003 环境下调试通过。

第四节 基于会计从业资格无纸化考试模式下的会计教学改革

根据《会计从业资格管理办法》（财政部令第 73 号）规定，在国家机关、社会团体、企业、事业单位和其他组织中担任会计机构负责人（会计主管）的人员，以及从事会计工作的人员应当取得会计从业资格，取得会计从业资格证书。我国高职教育是以就业为导向，为生产、管理、服务等第一线培养高素质技术技能型的专门人才，因此，高职院校会计专业学生能否在毕业后顺利走上会计岗位，首要条件就是在校期间能否取得会计从业资格证书。根据《会计从业资格管理办法》规定，2013 年 7 月 1 日起会计从业资格各考试科目在全国范围内均实行无纸化考试，题库由财政部统一组织建设，三科连考且应当一次性通过。这一新的考试模式带给广大考生很大的冲击与难度。温州市财政局在 2013 年 4 月第一次采用新会计从业资格考试模式，根据统计会计从业资格通过率比较低，考生普遍反映考试题量大、时间不够、考试范围广、考试难度大。面对这一新考试模式会计教师应该研究其变化情况，进而积极探索适合的会计专业教学模式。

一、无纸化考试模式的主要变化

（一）考试模式的变革

会计从业资格证书的取得伴随着《会计从业资格管理办法》修订而发生了变化。大体可以分成三个阶段，第一阶段为 2005 年 3 月 1 日前，大学会计专业毕业生可以免试申领会计从业资格证书；第二阶段为 2005 年 3 月 1 日~2013 年 6 月 30 日，大学会计专业毕业生可以免试“会计基础”和“初级会计电算化”，但必考“财经法规与会计职业道德”才能取得会计从业资格，在校期间参加考试则要求“会计基础”“财经法规与会计职业道德”一次性通过，“初级会计电算化”单独考试通过；第三阶段为 2013 年 7 月 1 日以后，新的考试模式不存在免试，三门考试科目在全国范围内将传统的纸质考试形式均实行无纸化考试，要求三科连考且应当一次性通过。这种新考试模式不仅采用随机抽题，而且三科连考且应当一次性通过，难度大大增加。

（二）考试内容的变化

过去的考试中“会计基础”“财经法规与会计职业道德”采用的是浙江省考试用教材，“初级会计电算化”采用的是杭州天健财务软件公司开发的初级会计电算化考试系统。新的考试模式题库由财政部统一建设，使用教材也变成了全国版“会计基础”“财经法规与会计职业道德”，“初级会计电算化”改为杭州天顿软件公司开发的考试系统。考试教材的变化引起考试内容的诸多变化，其中变化最大的是“财经法规与会计职业道德”与“初级会计电算化”两个科目，“财经法规与会计职业道德”新增考点比较多，增加了“现金管理”“主要税种”“财政法律制度”等考点，尤其是“财政法律制度”内容对于尚无任何社会工作经验的学生来说晦涩难懂；“初级会计电算化”科目也新增了工资管理、固定资产管理、财务报表等新的考试内容。

（三）考试题型的变化

与传统考试模式下会计从业资格无纸化考试相比，“会计基础”与“财经法规与会计职业道德”两个考试科目均新增了一种题型，其中，“会计基础”在过去只有单项选择题、多项选择题、判断题的基础上新增计算分析题，各大题的分值变化较大，增强了考会计核算能力的比重。“财经法规与会计职业道德”新增了案例分析题（不定项选择题），这种题型虽然增加了难度，却能提高学生分析、解决问题的能力。“初级会计电算化”的题型变化不大，还维持了原先的四种题型，但实务操作题量由原来的 10 道变更为 15 道，对业务核算的实务操作考核更加全面与深入，此考法更注重实际操作技能的考核。

（四）考试题量与考试时长的变化

以往“会计基础”和“财经法规与会计职业道德”题量均为 100 小题，考试时间为 90min；“初级会计电算化”60 小题，考试时间为 60min。新的考试模式下，“会计基础”和“财经法规与会计职业道德”题量分别为 70 小题，“初级会计电算化”理论题 40 小题、操作题 15 小题。每科考试时长均为 60min，三科连考合计 180min，中途不设置休息时间。对考试题量与考试时长对比分析可知题量大而考试时间紧迫，所以导致很多学生不能按时完成题目。

二、无纸化考试模式下会计专业教学存在的问题

（一）传统教学理念根深蒂固

会计是一个传统专业，在教学上已经形成了一套固有的模式，会计教师在传统会计教学中形成的教学理念已经根深蒂固；无纸化考试模式应用于会计从业资格考试是近两年的事情，在全国推广时间也并不长。从教师的角度来讲，很多会计专业教师很难立即从传统纸质的万人同一卷的考核方式转到一人一卷的随机抽题的考核方式，教学理念的陈旧也导致了会计教学的不利。

另一方面，教师与学生普遍存在误解，认为会计从业资格考试主要以背为主，“会计基础”背概念及会计分录，“财经法规与会计职业道德”科目背相关的法律条文。在这种思想的指导下，课堂教学集中在知识点的讲解上忽视了相关知识的运用。

（二）教学手段落后，教学方法不适应

在传统考试模式下，教师的主要教学手段是利用多媒体展示、黑板、粉笔进行灌输填鸭式的教学，教学以讲授为主。很多会计专业教师长期在传统考试模式下开展教学，在应对考试集中训练时以采用纸质练习资料为主，每位学生接受同样的练习。在变成无纸化考试的新模式后，面对如此巨大的题量及学生考试题目随机抽取等新模式，很多会计专业教师一时感到茫然不知所措。落后的教学手段与不相适应的教学方法导致会计从业资格考试的通过率无法得到提高。

（三）考试评价方法过于单一

首先，高职院校会计专业学生的考试评价方法虽然有很多改革，但总体上还是以期末考试为主、平时考核为辅，这样一种考核制度一方面往往过分注重会计知识的死记硬背，忽略了会计知识与技能的灵活运用，而新的会计从业资格考试模式下，对考生运用各种会计知识、相关法规进行解决实际问题的能力要求越来越高，两者不相符。其次，学校对学生的评价与社会对人才的需求脱节，不少高职院校期末考试通过划重点、考前复习等形式，助长了学生突击应考的行为。最后，制定的考核标准与社会普遍认可的职业标准相差甚远。在教学中也发现一些学生能够顺利通过学校课程考核，并取得高分，但参加会计从业资格考试时却无法通过。

（四）考生综合素质有待进一步提高

一方面，在传统的教学模式下，考生习惯了纸质训练、试卷考试的模式，从纸质材料上阅读考试题目收集到的信息量比较完整、全面，突然变成采用无纸化计算机上机模式的考试，学生如果没有进行必要的无纸化考试训练，缺少这方面的应试经历，较难适应这种考试模式。

另一方面，学生计算机操作水平对会计从业资格无纸化上机操作考试产生较大的影响。虽然在整个考试中的文字录入量还是非常少的，主要是一些选择项字母的录入；但是，由于学生缺乏必要的准备，难免在心理上产生畏难的情绪，自信心大打折扣，有的甚至过度紧张，在上机操作时手忙脚乱、六神无主，有的甚至还出现了很多相邻题目答案输错的严重失误，影响了考

生正常水平的有效发挥，通过率就自然降低了。这说明在平时的教学中对计算机应用重视得不够，学生缺乏必要的训练。

三、无纸化考试模式下的会计专业教学改革

（一）加强会计专业老师队伍建设

会计专业教师的素质直接影响会计专业的教学质量，从会计从业资格考试改革的方向来看，考核内容越来越重视知识的运用，涉及的面越来越广。要使学生通过学习与训练更加容易取得会计从业资格，关键是要有一支素质过硬的师资队伍，要能更新教学理念，主动适应社会的变化。

要建设一支教学高效的教学队伍，一是加强对会计专业教师培训机制的建设。只有提高了教师的素质，转变教学理念学生的教育质量才能得到保障。应把教师培训纳入学校的长效机制的管理中，与薪资待遇、考核评价和职务晋升相挂钩。二是应建立健全会计专业教师激励约束机制。把教师的责任、权利、利益等捆绑在一起。对于成绩突出的教师，予以重奖；对于工作不力的，也应给予相应的处罚。

（二）调整专业人才培养方案中的课程设置

会计专业在课程设置方面应当考虑适当配合学生会计职业生涯的考证需求，提高考试通过率。结合目前无纸化考试变化情况，高职会计专业应该在一年级第一学期开设“会计基础”（每周 4 节课）与“财经法规与会计职业道德”课程，由于“财经法规与会计职业道德”课程新增加内容相对较多，课时安排应由每周 2 节课调为每周 3 节课。通常根据浙江省财政厅安排，会计从业资格考试一年有四次报名机会，个人可以参加其中两次。因此，“初级会计电算化”课程应该开设在一年级第二学期，每周 2 节课，在当年 5 月前完成各项教学。为了提高学生的考证通过率，建议在人才培养方案中增加考证实训周，集中安排一周 28 节课的时间，在这一周中，其他课程暂停，学生集中精力进行无纸化考试训练。当三门课程全部学习完成并进行了集训，学生基本具备考取会计从业资格证书的能力时，安排参加 6 月的考试。

值得一提的是“会计电算化实训”课程，应该使用“双教材双学期”上课，除了一年级第二学期学习“初级会计电算化”课程外，还应该在二年级第二学期进一步学习“会计电算化实训”（每周 4 节课）课程，进一步提升提高

学生会计电算化操作技能，不仅可以争取在大三第一学期获得全国信息化工程师ERP应用资格证书，而且有助于学校选拔优秀人才去参加全国大学生会计信息化比赛。

（三）改进教学手段和教学方法，提高学生学习效果

（1）改进教学手段。专业教师应做到心中有大纲，紧扣考试大纲进行精心备课，丰富教学内容，制作优质实用的课件，方便采用多媒体教学。其中制作实用而又精美的课件适用于“会计基础”“财经法规与会计职业道德”两门课程的教学。以“财经法规与会计职业道德”为例，原教材是根据法律条文写作的，全篇都是文字，枯燥乏味，倘若教师采用传统的“黑板+教材”教学模式，迅速划完重点，学生不仅理解不了相应的考点，而且会增加学生厌学的情绪，为了激发学生对“财经法规与会计职业道德”课程的学习热情和兴趣，教师应该通过引入精彩案例，将考试大纲中涉及的知识点进行讲解，一方面增加课程的趣味性，另一方面增加学生的理解与知识的运用能力。

（2）合理运用多种教学方法。教学方法运用得恰当，不仅可增强课程内容的趣味性，而且可以提高学生学习的效果。“会计基础”是入门课程，学生学习往往对其中的很多会计术语与会计核算方法不太理解。教师在课堂教学中应避免满堂灌理论知识，应注重运用生动鲜活的实例由浅入深讲解抽象的专业术语，多进行仿真模拟实训。如凭证知识点讲授完成后，可以进行填制会计凭证实训，实训不仅可以有效解决纯理论教学的枯燥乏味，而且可以有效提高学生的动手能力，加深对所学的理论知识的巩固。在“财经法规与会计职业道德”教学中要注重与现实生活的比较，增强学生对知识的感性认识。在“初级会计电算化”教学中，应重在实操，教师可以通过一些录屏软件将标准操作过程制作成视频展示给学生。一方面弥补操作演示不易记录的缺点，另一方面也可以让学生在没有相关软件的条件下学习。在“初级会计电算化”课程教学中应充分采用陷阱教学法，提高学生对错误操作的纠正能力，在考试中做到灵活应变。

（四）完善会计教学的考核体系

高职院校会计专业的考核评价体系应该与国家对会计行业的要求进行对接。根据国家职业分类标准及对学生就业有实际帮助的相关职业证书的要求，

会计专业应该根据自身生源的实际情况建立有效的教学考核体系。学生在校期间不仅要获得学历证书而且在职业资格证书上要获取会计从业资格证书，才能顺利毕业。部分课程可以“以证代考”，这样做可以提高学生学习的积极性和对职业资格证书的重视，增强毕业生的就业竞争能力。

具体实施上，对于部分在中职学校已经获得了会计从业资格证的学生，可以免修相关课程，把精力放在冲刺全国初级会计师考试上；对于普通高职学生，如果在大一第二学期顺利通过了考证，可以享受优先获得奖学金的资格。这种激励的考核方式，可以增强学生的斗志，激发通过会计从业资格考试的学习动力。

另外，在考证科目课程的考核上，应当改变过去期末一考定输赢的作法。应该通过建设无纸化的训练与考试系统，通过平时的多次、多形式的考核来评定课程的成绩。通过这种方式改变学生投机取巧的行为。

（五）构建无纸化操作训练和评价机制

面对无纸化考试模式及考试题库不断丰富，学校应该为学生提供优质的学习资源。这些学习资源包括精美的电子课件、考试大纲、全仿真的考试题库。学校应该组织专业教师建立适合自己学校学生水平的无纸化考试试题库，该试题库可以实现网上建立习题、自动生成电子试卷、学生在课堂外自我练习与测试和分析学生的学习成长曲线。但要建立这样的试题题库，需要投入相应的设备、技术支持以及会计专业全体教师的共同努力。

学校可先从会计从业资格考证课程开始着手建立会计从业资格无纸化考试题库，参照考试题型、各考试科目考试大纲，对课程的内容进行归纳总结，将要求学生要掌握的知识点涵盖在题库中，通过练习让学生对知识点各个击破。网上测试平台的建立不仅能很好地与会计从业无纸化考试接轨，而且可以实现教师与学生之间的资源共享。

总之，学校应高度重视会计从业资格证无纸化考试模式下的会计专业教学。在平时的教学中采用与无纸化要求相接轨的教学方式和学生训练方式，为学生轻松获得资格证和今后从事会计工作打下坚实的基础。

参考文献

[1] 郝一舒，赵锋．机械类专业学位实践课程考核评价体系的改革——以同济大学机械与

能源工程学院为例［J］. 南方农机，2019，50（17）：158～166.
［2］曾晰. 能源与动力工程专业课程实验教学模式与考核方式改革［J］. 大学教育，2019（9）：52～54.
［3］柳浩，秦跃林，高绪东，等. 工程认证背景下铁冶金学课程考核方式改革［J］. 中国冶金教育，2019（4）：69～73.
［4］宋颖. 基于教学考核视角的经济类课程教学改革探索［J］. 高教学刊，2019（17）：126～128.
［5］冯燕芳. 过程性考核改革的探索与实践——以"国外马克思主义哲学"为例［J］. 扬州大学学报（高教研究版），2019，23（4）：103～107.
［6］李晓云. 基于成果导向的全程化课程考核方法改革探索与实践［J］. 河南工业大学学报（社会科学版），2019（4）：99～106.
［7］王凤琼，邓小艳，杨英. 理工类概率统计课程考核改革的研究与实践［J］. 教育教学论坛，2019（33）：156～159.
［8］王涛，郭家瑞，刘澜涛，等. 过程考核导向的有机化学实验课程考核模式改革探索［J］. 河南化工，2019，36（8）：58～59.
［9］张梦雅. 大学成绩考核制度现状和改革对策研究［J］. 现代商贸工业，2019，40（26）：196～197.
［10］吴蒙蒙，杨少红，章向明. 材料力学考核评价方式的改革与探索［J］. 力学与实践，2019，41（4）：475～477.
［11］杨春萍，刘纪新，孙伟，等. 浅析职业院校《机械制图》课程的教学与考核方式的改革［J］. 教育现代化，2019，6（62）：100～102.
［12］李玉侠，李英霞. 应用型本科大学课程考核改革的理论及实践——以衡水学院为例［J］. 衡水学院学报，2019，21（4）：74～77.
［13］金漫漫. 高职化学课程学业评价体系改革研究［J］. 辽宁高职学报，2019（7）：36～38，89.
［14］张宜蓓. 基于激励机制的地方高职院校绩效考核与收入分配改革研究［J］. 卫生职业教育，2019，37（14）：30～32.
［15］张微，莫放，杨春合，等. 基于重视实践能力培养的《羊生产学》课程考核改革与实践［J］. 家畜生态学报，2019，40（7）：94～96.
［16］王丹丹. 基于创新能力培养的物流管理专业课程体系改革与实践［J］. 物流工程与管理，2019，41（7）：168～169.

第三章　实训教学改革案例分析和学徒制

第一节　校内实训教学改革与案例分析

职业教育是现代教育的一种类型，在职业教育的过程中，强化职业能力培养、强化学生的可持续发展能力是整个职业教育培养技术技能人才的关键环节之一。在有效培养技术技能型人才的过程中，基于工作过程开发课程是重要的手段之一，也是有效对接产业和行业，高质量培养技术技能型人才的重要途径和模式。下面结合作者所在的专业详细地就具体案例进行分析与探讨，主要包括印刷包装、计算机应用及会计等相关专业。

一、基于工作过程的校内印刷专业实训教学开发

实训教学是培养高职学生实践能力、职业能力、独立分析和解决问题能力的重要教学环节，更是人才方案培养目标实现的必不可少的关键环节。积极探索如何将印刷企业实际生产经营全流程引入高职学院实训室，加强高职学生在校职业能力培养的创新型教学模式，对于提高高职印刷专业学生实践动手能力具有至关重要的作用。

（一）实训体系开发原理

印刷包装专业是典型的应用型专业，结合高职人才培养定位，更加强调技术、技能的培养和训练。随着高职教学体系和课程体系改革的不断深入，人才培养更加强调校企对接和岗位对接。应积极探索基于工艺过程的印刷包装专业实训教学体系构建和实施。为了较好地实现校内实训体系与企业实际生产有效对接，项目组认真地研究了印刷包装企业实际的生产加工工艺流程，主要包括印刷信息处理、制版印刷及印后加工等三大主要环节，同时与其他辅助性环节相结合，形成完整的工艺流程，具体流程如图 3-1 所示。

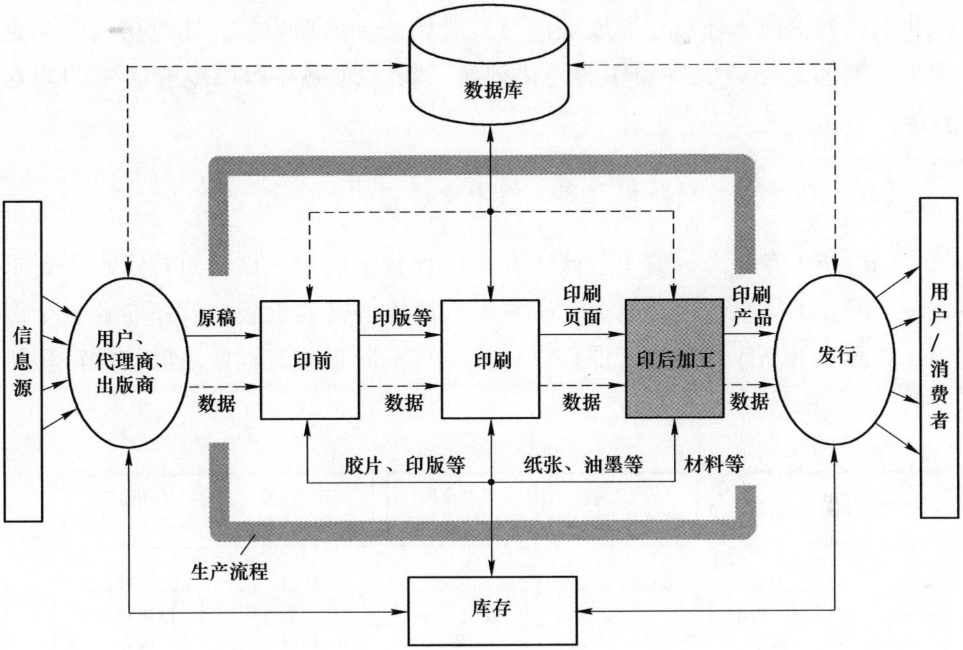

图 3-1　印刷包装企业生产工艺流程

（二）课程开发基本思路

本课程设计开发基本思路是基于工作岗位进行职业能力分析，根据工作过程确定工作任务，结合教学标准设计要求，实现从工作任务到学习领域教学设计的转变，基本模型如图 3-2 所示。具体到每一教学单元，通过小组合作训练、企业工作岗位和工作任务仿真再现等设计学习情境，在教中学、学中做、做中学，从而实现教学做一体化。

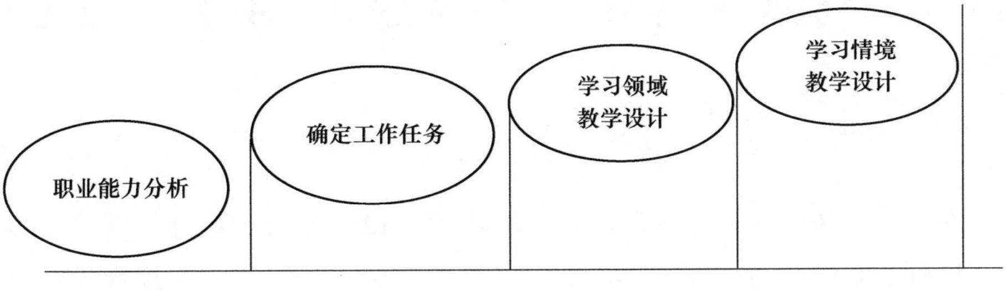

图 3-2　工学结合课程开发设计的基本思路

课程改革针对高职 3 年制的培养模式，以 2 年的基本理论教学为基础，强化实践教学训练环节，形成理论与实践相结合的新模式，通过仿真印刷企业生产工艺流程和设备操作的强化训练，较大地提高印刷专业学生的职业技能。

（三）基于工作岗位进行职业能力分析

印刷技术专业岗位的工艺流程和程序化特征突出，属于对技术水平要求比较高的技术技能应用类专业，按照工艺流程的需要设置和排序专业主干课程，如图 3-3 所示。各主干课程设置分别与不同工艺流程阶段的技能需要相一致。

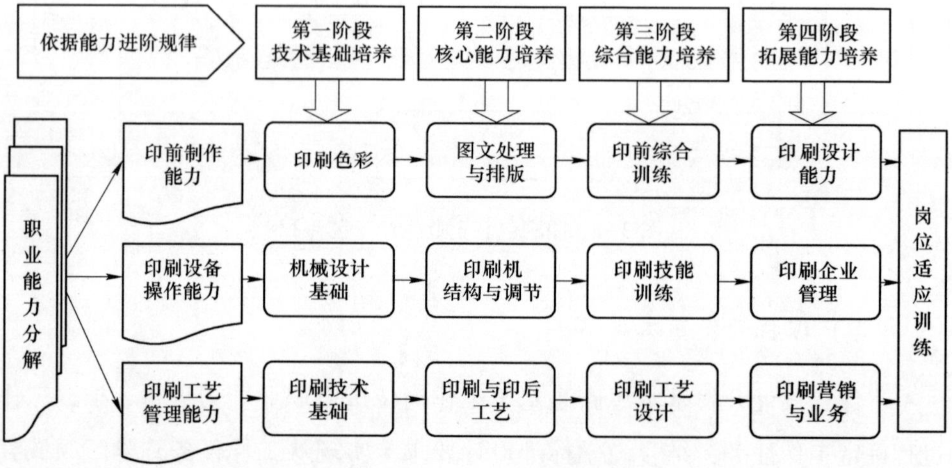

图 3-3　基于印刷工艺的专业课程和能力设计

印刷综合实训课程改革应重点突出 3 大能力模块，具体包括印刷图文设计创作能力、印刷机械操作能力、印刷工艺流程设计能力等。事实上，在实训过程中还需考虑到印刷材料检测、质量检测和现场管理等相关辅助能力的培养。

1. 印刷图文设计创作能力

图文制作和设计是包装印刷的第一阶段，设计效果和设计精度等直接决定了后续的制版、印刷加工等工序，且最终决定了产品能否实现和质量合格与否。同时，该环节也是很多印刷技术专业同学将来就业的重要岗位。

2. 印刷设备操作能力

印刷设备是完成印刷的基本要素，不同规模的企业和不同区域的高职院校配置差异巨大，但先进的多色印刷设备投资巨大，一般高职院校很难配备，往往联合企业或者配置过程印刷设备。设备操作是完成印刷的第二个重要环节，通常情况下，理论理解相对容易，设备操作相对难度较大，需要反复锻炼。设备操作能力是印刷综合实训过程中核心能力之一，也是将来大部分本专业学生的重点就业岗位。

3. 印刷工艺流程设计能力

印刷品生产工艺流程分析、设计和制定是印刷品生产制作的工艺基础和质量包装。实训过程中必须掌握的第一个核心内容就是熟悉常规印刷品的工艺流程，掌握流程，制定生产工艺。

4. 质量检测和现场管理能力

材料选用、识别、印刷品质量检测及生产现场管理等也是实训环节的重要能力培养环节。在课程设计和运作的整个环节中需要适当加强，以提高专业学生的职业转换能力。

（四）根据工作过程确定工作任务

本课程教学改革以工作过程为导向，以工作任务为核心，因此在完成职业能力分析后，需要对印刷行业和就业岗位的工作过程进行分析，确定工作任务和相关内容，如图 3-4 所示。

结合专业定位和人才培养目标及行业人才需求进行分析，本实训过程主要培养纸包装印刷品技能人才，包括材料选用、质量控制、平面图文设计、印刷复制、设备操作和后加工等。

（五）学习领域教学内容组织与安排

（1）学习目标：熟悉纸包装印刷品的全部生产工艺流程和部分工序（印前、印刷、印后）的技能学习。

（2）设计总学时：176 学时。

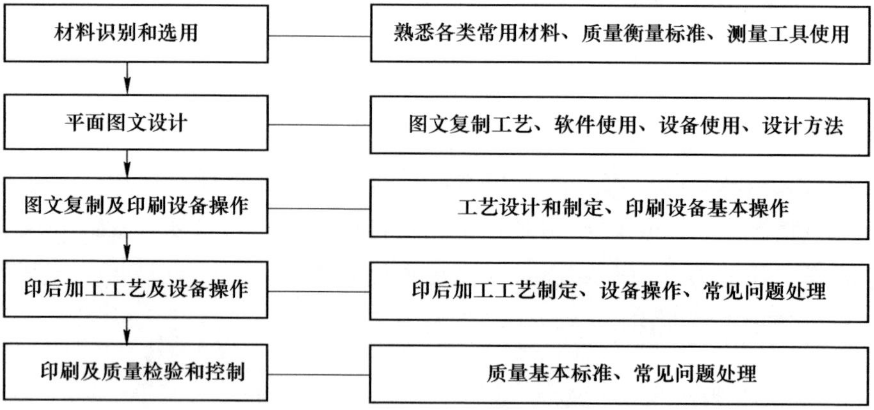

图 3-4　基本工作任务及主要目标

（3）具体内容设计如下：

1）材料识别和选用。熟悉各类常用材料、质量衡量标准、测量工具的使用方法。通过材料识别、质量检测和选用等多个环节的学习，提高学生对包装印刷纸制品原料的认识和掌握程度，为将来从事成本控制、业务销售、生产管理和质量检测等奠定基础。

2）平面图文设计。复制工艺、软件使用、设备使用、设计方法。通过图文复制印刷工艺的学习和常用软件的使用，让学生熟悉包装印刷品设计和制作的基本工艺和设备，并通过对图文设计软件的使用，提高从事印前工作设计和制作的能力。

3）图文复制及印刷设备操作。工艺设计和制定、印刷设备基本操作。

4）印后加工工艺及设备操作。印后加工工艺制定、设备操作、常见问题处理。考虑到印后加工在生产过程中的份额逐年提高，且对产品最终质量的影响，综合实训过程中要根据实际产品的工艺进行配套讲解。

5）印刷及质量检验和控制。基本质量标准、常见问题处理。质量控制和检验是实训过程中的最后一个环节，也是最重要的环节之一，通过将标准和实物对照检验，可以提高生产者的质量意识和工作态度。

（4）教学方法：主要采用现场生产式、小组研讨式、任务驱动式。

（5）教学媒体：教材、实训指导书、任务单、记录单、实训报告。

（6）教师指教能力要求：熟练掌握纸包装印刷品加工工艺流程及相关设备操作，能够结合教学法设计学习情境。

（7）考核方式：上机操作和制作部分作品。

（六）学习情境的设计

结合职业能力要求和工作任务，将学习领域的具体教学内容设计成5大部分学习情境，并且对每个学习情境按教学单元分别设计3~5个子情境，见表3-1。

表3-1　学习情境及计划学时安排

序号	学习情境	子　情　境	学时分配
1	材料识别和选用	熟悉各类常用材料，包括纸张、油墨、印刷版材等； 熟悉常用测量工具，包括纸张性能测量仪器、油墨测量仪器等； 质量评价标准	11学时
2	平面图文设计	复制基本工艺流程； 常用软件使用，主要包括Coreldraw、Photoshop等制图软件； 设备使用； 设计方法	44学时
3	印刷设备操作及工艺制定	工艺设计和制定； 印刷设备基本操作	88学时
4	印后加工工艺及设备操作	印后加工工艺制定； 设备操作； 常见问题处理	22学时
5	印刷及质量检验和控制	质量基本标准； 常见问题处理； 经验检测法	11学时
合　计			176学时

1. 子情景设计

子情景设计应将基于工作过程的实训教学方法贯穿整个实训教学环节，将实际产品生产的材料选用、工艺制定、生产操作、产品检验及现场管理等众多环节有机导入，并增加必要考核手段。

下面以设计制作一副挂历为例进行分解，其生产工艺和工序如下：

（1）学生获取配套图片（摄影风景照片、同学照片、网络下载等，需要注意图片的分辨率、大小、清晰度等基本要素）。

（2）根据图片和设计要求，选择设计软件设计排版，一般选用平面设计软件；设计过程中应注意内容的新颖性和图文协调性，同时注意存储格式等基本要求。

（3）根据需要进行分色出片，并分类摆放。

（4）晒版，结合分色胶片进行晒版，晒版注意顺序和印刷进度。

（5）印刷，根据印刷色序和工艺要求进行印刷，印刷过程中需要注意套印精度和印刷效果。

（6）印后加工，结合产品选择印后加工工艺和工序，一般挂历封面需要覆膜、摸切、烫金、压凹凸，内页需要上光等，最终成型需要打孔等。

2. 注意事项

（1）安全意识教育。整个实训在实训室中完成，考虑到实训过程中涉及大量设备操作，故需灌输和强化安全意识，避免发生设备和人身安全隐患，同时加强紧急事件处理。

（2）实训设备检修和维护。作为“生产式”和仿真式综合实训教学，设备操作是教学过程中一项重要的教学内容，如有效的包装教学正常进行，教学过程中应尽可能少出现设备故障等问题，设备提前检修和维护是必不可少的工作内容。

（3）加强实训现场管理。考虑到设备台套数和学生人数，实训必须采用小组式，现场管理必须严格控制，教师必须时时在岗。

（4）学生评价。评价和考核必须是实训课程的一个重要内容，实训结束必须对每一位学生进行考核，一般包括平时成绩和最后考核成绩。

过去很多实训教学只有实训教学过程，没有考核结果，这样学习过程缺少必要的监控和压力，效果不明显，较难引起学生对实训课的重视，而考核机制与实训教学有机联合，必然会事半功倍。考核的方式可以多样化，如卷面式、上机式、现场操作式、答辩式、平时分散考核等。

二、凹版印刷实训教学体系构建

高职印刷包装专业凹版印刷实训教学体系的构建和开展是在为了更好地

适应市场人才需求和培养高职印刷包装专业职业能力的前提下提出的。

（一）市场调研及分析

1. 行业背景

随着市场经济快速发展，特别是食品、饮料、卷烟、医药、保健品、化妆品、洗涤用品以及服装等工业的迅猛发展，对凹版印刷品的需求也越来越多。在质量要求越来越高的需求形势促进下，我国凹版印刷得到了迅速发展。目前，我国各种印刷方式的市场份额已发生了明显变化：胶印占42%，凹印占22%，凸印占20%，柔性版印刷占8%，其他印刷占8%（如图3-5所示）。凹印成为仅次于平版胶印的第二大印刷分支，是包装印刷的主要印刷方式。凹版印刷在国外主要应用于三个领域：杂志、产品目录等出版印刷业，商品包装印刷业质量控制，以钞票、邮票等有价证券和装饰材料为主的特殊用途领域。凹印在杂志和产品目录印刷市场占据30%~40%的市场份额，在包装印刷市场占35%~45%，在图书印刷市场占25%。截至2008年，浙江省内共有印刷包装企业5000多家，其中涉及凹版印刷的企业占20%左右，从业人员上万人，有完善的生产加工流程，包括图文设计、雕刻制版、印刷加工等。

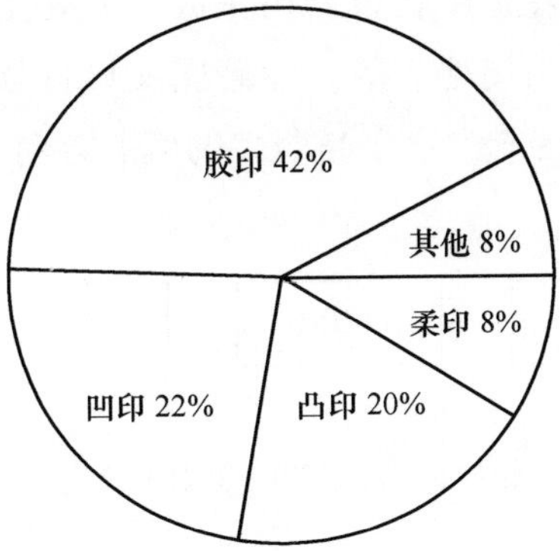

图3-5　印刷产业结构

2. 人才培养现状

目前国内涉及印刷包装人才培养的高职院校有数十家，浙江省内高职学院开有印刷包装专业的有6所，在调研的过程中可以明显地看出，几乎清一色的是以胶印人才培养为主，没有建立凹版印刷实训室和专门开设凹版印刷实训教学课题体系。

3. 凹版印刷企业技能人才现状

以浙江省为例，数百家凹版印刷企业有技术人员近千人，较少有人员专门学习过凹版印刷，只是在校学习期间部分课程讲解过凹版印刷。

4. 调研结论

凹版印刷有较大的市场份额，同时较少高职学院独立开设凹版印刷教学课程体系，项目组认为独立开设凹版印刷教学课程体系，有针对性地开设凹版印刷实训教学很有必要。

（二）凹版印刷实训教学体系构建

1. 熟悉凹版印刷生产工艺

实训室建设必须结合实际生产工艺进行合理配置，构建凹版印刷实训室前必须熟悉凹版印刷生产工艺流程。

图 3-6 所示为常规凹版印刷生产工艺，大部分工序可在学校进行实训教学，只有分色制版工序只能在制版公司完成，主要是因为该工序投入非常大（至少需 500 万元）、占用场地大等。随着图文设计软件的广泛应用，图文设计实训已经多样化，早已成为众多高职生的就业方向。

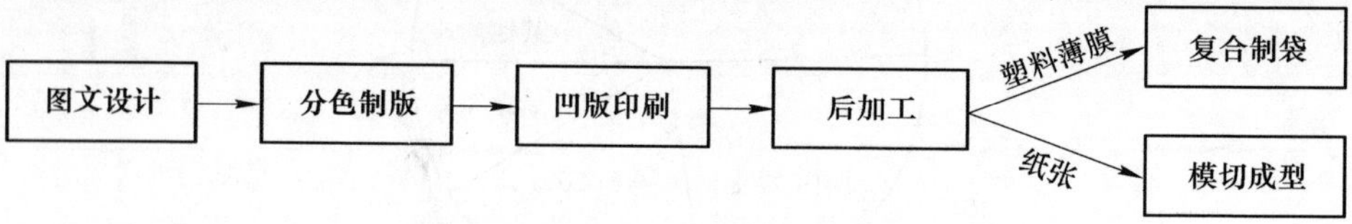

图 3-6 常规凹版印刷工艺流程

高职学院要想有效建立和推行实施凹版印刷实训教学，应该以图文设计、凹版印刷、印后复合和制袋成型等工序作为切入点进行实训建设。

2. 构建凹版印刷实训室

凹版印刷实训室建设一般分成两大部分，第一部分是针对凹版分色制版，该部分实训建设最好采用校企合作模式进行，充分利用社会资源，同时加大校企互动合作。第二部分为校内实训，主要针对图文设计、凹版印刷和后续加工等。

（1）校外实训。凹版制版工序生产工艺较为复杂，如图 3-7 所示，生产车间占地大，有一定的劳动强度，授课时，最好邀请企业技术管理人员现场讲解。

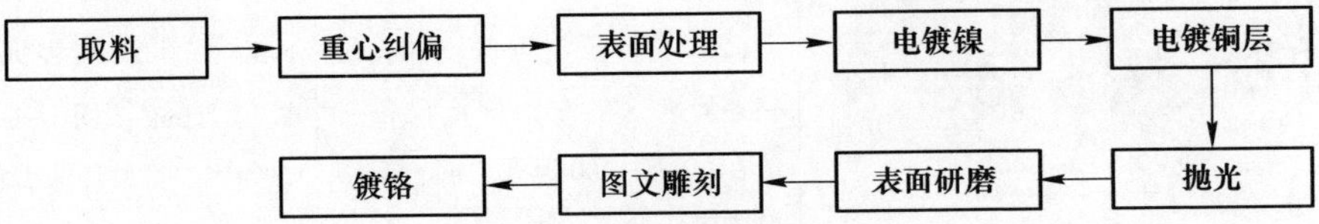

图 3-7　凹版制版工艺流程

（2）校内实训。校内实训是人才培养的关键，主要是以学为主，工学交替。

学校必须建立匹配的校内实训室，配置适宜的实训设备，主要从以下四个方面着手：

1）根据实际企业的生产工艺流程和实际生产配置实训设备；

2）设备档次贴近实际生产；

3）设备数量满足小组式实训需要；

4）配备够用的印刷材料及实训耗材。

以凹版印刷实训为例，一般需配备四色凹版印刷机、多层复合机、中封制袋机等配套器材，在条件允许的情况下应适当配置印后加工辅助设备。表 3-2 为一个班 30 人的基本配置，表 3-3 为凹版印刷机选用参考，表 3-4 为后加工设备选用参考。

表 3-2　30 人凹版印刷实训配置

序号	设备名称	数量	占用场地 $/m^2 \cdot 台^{-1}$	单价	投入资金/万元	备注
1	电脑自动套印四色凹版印刷机	15 人/台、1 台	50	40 万元/台	40	分组实训控制投入
2	湿式复合机	15 人/台、1 台	30	20 万元/台	20	
3	中封制袋机	30 人/台、1 台	50	30 万元/台	30	
4	其他后加工设备			10 万元		
总投资		40 万元+20 万元+30 万元+10 万元=100 万元				

表 3-3 凹版印刷机选用参考

常见外观	机构、性能及参考价格	场地要求
	（1）并列多色凹版印刷机，印刷色组并列排放，操作方便，油墨供应方便，易控制，占地面积大； （2）自动控制程度不同，价格差异大，4～7 色国产设备一般在 20 万～200 万元之间；套印精度可达到 0.01mm	单机生产，面积不小于 5m×12m；配套后加工，车间面积不小于 $100m^2$；生产和实训一般在 $120m^2$；同时要考虑到溶剂排放环保事宜
	（1）层叠式多色凹版印刷机，印刷色组层叠设计，体积小，但要求车间有一定的高度； （2）色组层叠设计，限制了色组数量，目视化效果较差，不方便教学； （3）设备价格略便宜，一般多色国产设备在 50 万元以内	场地要求较高，单机生产，$20m^2$ 可满足；教学和实训至少 $80m^2$；安装时要考虑到溶剂排放等环保事宜

表 3-4 后加工设备选用参考

常见外观	机构、性能及参考价格	场地要求
	干/湿法两用高速复合机：将印后塑料薄膜和其他材料（常用的有薄膜、纸张、铝箔等）进行涂胶复合，形成多层复合材料；自动控制程度不同，价格差异大，国产设备一般在 20 万～50 万元之间	单机生产，面积不小于 5m×12m；配套后加工，车间面积不小于 $80m^2$；生产和实训一般在 $100m^2$；同时要考虑到溶剂排放等事宜
	中封制袋封机：用于凹印复合后的卷筒薄膜中封制袋；自动控制程度不同，价格差异大，国产设备一般在 5 万～50 万元之间	单机生产，面积不小于 3m×8m；配套后加工，车间面积不小于 $50m^2$；生产和实训一般在 $80m^2$

续表 3-4

常见外观	机构、性能及参考价格	场地要求
	立式平压平模切机：是目前国内用的最多的、也是最常见的模切机，价格便宜、操作简单、安全性高，一般生产速度在 800～1200 次/小时之间；模切面积为 920mm×660mm；自动控制程度不同，价格差异大，国产设备一般在 5 万～20 万元之间	单机生产，面积不小于 3m×8m；配套后加工，车间面积不小于 $50m^2$；生产和实训一般在 $80m^2$

（三）凹版印刷实训开展和实施

考虑到设备利用率和实训教学的可持续性，项目组提出了“生产式”教学模式，将实际生产导入实训室，控制教学成本，使得生产、教学两不误。

1. “生产式”实训教学基本要素

（1）实践性强的双师型指导教师是实训开展的基本保障。

（2）操作性强的实训教材是实训良好运行的有力保证。

（3）新颖教学模式是实训教学的“生力军”，可以较好地提高实训教学效果。如任务式、引领式、现场生产式等。

（4）必要的生产订单是生产性实训的可持续动力。

2. “生产式”凹版印刷实训实施

“生产式”实训教学模式是基于“行为导向”教学理论运用“项目教学法”基本方法的一种新的实训教学模式。其中心思想是，构建一个完成某项实际工作任务的教学情境，使学生小组在教师的引导下进入“生产者”的角色，在完成“工作任务”的环境中，参与设计并了解实际工作的一般程序，学会运用基本理论知识解决实际问题的方法，在合作学习的氛围下掌握操作技能，形成良好的习惯，从而达到实训目的。在这样的“实际生产”的教学情境下，每个学生将自觉或不自觉地扮演着“生产者”的角色，而指导教师主要起建议、咨询和协助的作用。这种以学生为主体、教师为主导的实训教学模式，可以激发学生内在的学习动机，同时调动学生创造性解决问题的欲望。

（1）构建生产任务应具备的原则。“凹版印刷生产式”实训工作任务目标明确，实际上就是在实训室内完成凹版印刷的全套工艺，直至印刷出成品。常见的有各类塑料包装袋、零食塑料包装等。要想通过实训完成整个生产工艺，最终生产出成品，就需要指导老师、学生共同思考、协商和解决具体的实际生产问题。由此可见，教师在设计项目时应具备以下几个条件：

1）该项目应具有一个轮廓清晰的任务说明，工作成果具有应用价值。

2）能将某一教学课题的理论知识和实践技能相结合。

3）学生有独立进行计划工作的机会，在一定时间范围内可自行组织。

4）在工作中会出现一些问题和困难，且这些困难是可以运用已学知识和技能加以解决的。

（2）“小组生产式”的实训教学的实施。实训可分为三个阶段和五个方面，即工作前的准备、工作任务的实施和工作后的总结三个阶段；确定任务、提供信息、制定计划、实施计划和检查评估五个方面。

1）明确工作任务、做好准备工作。所谓“明确工作任务”，就是制定教学项目，一般高职学院进行综合性实训之前必须制定详细的实训教学大纲和实训进度计划。大纲应该明确包含本次实训的教育内涵，即教师对教学的期望。它包括以下几点：

①知识和技能方面。熟悉多色凹版印刷机的基本结构；掌握凹版印刷机的基本操作；熟悉印刷材料的性能检测和安装；掌握印刷油墨的印刷适性调配，包括油墨色相调节、油墨黏度调配、油墨干燥性能调节等；熟悉印后复合设备操作及质量控制等。

②能力培养方面。能力培养方面包括观察能力、思考能力、合作能力、解决问题能力和工作条理性等。教师在选定实训项目时还应考虑理论课的教学情况，并和当前生产实际相结合，在内容上应尽量涵盖本专业所需的基本技能训练，能体现本专业的一般工作程序，“工作任务”有比较明确的评估标准。在传统实训模式下，所有的准备工作由教师来完成，学生只是被动的接受，不用思考。但是在“小组生产式”的实训模式下，教师须首先下达工作项目给各个小组，知识和技能要点都以工作的形式下发，教师引导学生查阅资料，填写所需理论知识、本次实训的主要工作内容等，指导学生做好工作前的相关理论和工艺的准备，培养他们理论指导实践的习

惯；同时，教师还要通过演示，使学生学会操作。到此，第一阶段的教学就完成了。

2）具体实施。在学生明确了工作任务、完成了一系列工作前的准备后，教师应该指导学生制定工作计划。工作计划包括操作步骤、工艺顺序和工量具的选择及使用，具体作法是先由教师给出一个仅起参考作用的非常简单的工艺流程，包括一些工序、操作提示和要求等。它仅是完成“凹版印刷实训”某道工序的基本流程，不针对具体任务，不包括实际工作中会出现的各种各样的问题和困难，而这些需要学生自己来解决。学生工作计划应针对本次实训的具体任务，列出完成“凹版印刷实训”的具体步骤，及完成每一步骤所需的工具，计划制定好后应和教师共同讨论，因为学生制定的工作计划肯定是不完善的，甚至是错误的。教师在对待学生的工作计划时应掌握两个度，一是不要轻易否定学生的计划，要允许学生犯错误，同时相信学生有自我反省和自我否定的能力；二是教师本身应对实训项目很熟悉，了解可能会出现的问题，在发现学生的工作计划中有较危险的步骤时应提出修改意见。在学生实习过程中，教师不再是简单的讲解、示范和指挥的作用，而是扮演建议、咨询和顾问的角色，给学生留下较大的自由发挥的余地，要允许学生犯错并尽量由学生自己发现，进而找到解决办法。只有在学生无法解决时，教师才可以用最为简洁的方法来演示，在这种情况下纠错可极大地加深学生的印象，同时也体现了学生学习的主体地位。这种模式对教师的综合能力提出了更高的要求，教师不但要有系统的理论知识和丰富的实践经验，还要有较高的组织能力以及良好的教育教学能力。

3）评价考核。实训结束后，应重新让学生填写工作计划，包括改正不正确的步骤和顺序，注明实施某些步骤的注意事项等。通过重写工作计划可以让学生进行知识和技能的反思，取得事半功倍的效果。合理的实训教学方案和有效的考核方案是职业能力培养的有效保证，综合实训教学和一般实训教学应该有一定的区别，在方案设计时，应该注意以下几方面：

①应该适当考虑学生的职业去向，适当考虑到学生的学习兴趣；

②结合学校的设备状况，包括设备配置、数量等；

③实训指导教师情况等；

④企业实际生产的工艺流程；

⑤劳动意识、安全意识、质量意识等多种职业意识灌输；

⑥考核方案。

考核方案的设计可以多样化，在考核的过程中尽量融入必要的专业理论和专业技能，实现相对全面化的评价，最后总评的时候，还要考虑平时的过程成绩。

（四）小结

凹版印刷是印刷包装专业的重要内容之一，也是高职印刷包装专业学生就业的重要去向之一，高职院校应该结合自己的实际情况和市场人才需求，进行必要的课程体系和实训体系建设，培养出更加适合市场需求的高技能人才。

三、“作品创新+设计报告+答辩”模式的包装专业实训改革

实训教学是培养现代高职学生实践能力、职业能力、独立分析和解决问题能力的重要教学环节，更是实现专业技能型人才培养目标的必不可少的关键环节。为了更好地体现课题组所在包装策划与设计专业的办学特色和强化所在专业学生的实训效果和实践能力，课题组以所在学院包装策划与设计专业为例，探索与推行基于“作品创新+设计报告+答辩评价”的综合实训模式。

（一）实训教学体系构建

一般高职技能人才培养的过程中，会根据专业的特点和人才培养的目标采用不同形式的实训教学，大致分为认知实训、单项实训、综合实训，以及毕业实习等。不同层次的实训安排不同方面的教学内容，实现不同的教学效果。总体上来说，项目与项目之间存在一定的关联性和层递性。图3-8所示为课题组结合包装专业的能力特点构建的不同层次的实训体系。

（二）综合实训课程实施与改革

1. 综合实训模式实施

综合实训是整个实训体系中的最关键的一个环节，一般情况下综合实训课程的课时量较大，往往占6~10周，因此在实施与开展模式上要全面考虑。

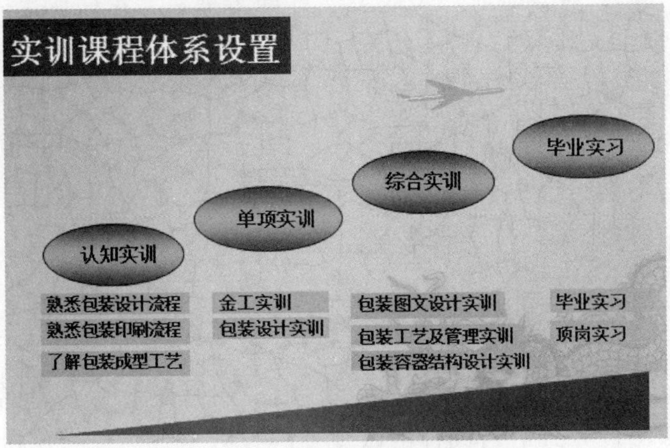

图 3-8　包装专业的实训体系

（1）双师型教师配置。双师型素质教师是开展和完成综合实训教学的必备前提条件，只有老师具备了理论与实践相结合的能力，才有可能指导学生完成。指导教学必须能够设计出良好的实训案例或实训项目。用于实训教学的项目可以是真实的企业案例或者是仿真性的教学案例，案例一方面要与专业的关联度较强，另一方面要具有较好的操作性和代表性。另外，项目指导教师除了应具有较强的操作能力，还应具有一定的评价和拓展指导能力。只有这样，综合实训才能够实现教、学、做一体化，同时实现拓展和创新。

（2）实训任务构建和实施模式。实训任务的构建是实训开展良好的重要条件，实训指导教师需要有丰富的教学经验和实际工作经验，能够很好地将真实案例或仿真式案例用于教学，既要做到与专业重要知识点相结合，又要具有良好的操作性，且能够保证大部分学生或团队在某个规定的时间段内有效完成。通过设计与制作作品的全部环节，不仅可以提高学生对专业知识的掌握，同时还可以对指导老师提出要求，促使其进步和提高。

实训过程的实施方式也是非常重要的，目前使用较多的教学方式有任务驱动式、项目引领式、实操案例式等。实训指导教师需要针对不同层次的学生分类分层，设计与分配不同难度的任务，再通过项目引领式和任务驱动式完成实训任务。可以将项目分解后形成若干个小项目，布置给同学或者小组，通过项目的分解和团队的合作共同完成。同时，在合理的时间安排下，有任务、有步骤的完成和阶段性的推行，实施的效果更加可控。

（3）必要的实训实施配置。俗话说“巧妇难为无米之炊”，必要的实训设施配置是开展实训的前提，尤其是综合性实训，更是高质量完成的保证。不少学校在硬件配置不够完善的情况下，更希望采取校企合作等方式，希望借用企业的生产场所和硬件设施完成教学任务。项目组通过调研和资料查询，认为将学生组织到企业或生产车间完成认识实训、单项实训或顶岗实习等应该比较理想，但是组织学生到企业完成综合实训往往效果不佳，甚至可以说有利有弊，或许主要是企业和学校的出发点的差异。

2. 考核方式改革与评价

为了更好地体现基于“作品创新+设计报告+答辩”模式的综合实训改革效果，必须对考核方式进行同样的改革。考核效果分为三个层次：优等，分值18~20分；良好，分值10~15分；合格，分值5~10分；不合格，分值0~5分。考核的项目分为选题、结构设计合理、实物或样品、电子作品和过程图片、答辩效果等。具体见表3-5。

表3-5 考核项目及分值

分值 项目	18~20	10~15	5~10	0~5
选题	完全符合要求	符合要求	基本符合要求	不符合要求
结构设计合理	合理、规范有条理	合理	基本合理	不合理，错误明显
实物或样品	制作精细	制作一般	制作较差	制作差
电子作品和过程图片	绘图精细，正确	绘图一般	绘图较差	绘图差
答辩效果	准备充分，答辩良好	准备、答辩一般	准备、答辩较差	准备、答辩差

（三）成果收集与展示

1. 成果收集与展示

事实上，要想较好地设计毕业实践报告，必须深刻了解专业的特色和特点。团队通过对国内外多所设有包装策划与设计专业的高职院校进行多次详细地调研和分析后，提出了包装策划与设计专业定位：通过实训和技能竞赛，推动包装专业学生及教师设计和创意包装作品，通过作品收集与成果展示，让作品和成果作为无声的宣传员，提升包装专业在学校、行业和全社会的专业影响力，最终形成品牌效应。

当然不同的专业定位也不全相同，因此设计与开发结合自己专业特点的毕业实践报告的新模式会更加凸显专业特点和培养学生的职业能力，当然也利于专业学生的技术技能培养和将来走向企业岗位。

2. 提高毕业综合实践的教学效果和展示效果

通过“包装作品创意与设计+配套的设计说明报告”新模式的构建与实施，明确要求让本专业的学生要完成的任务和目标，并使学生在完成任务和目标的过程中更加全面了解作品设计思路、作品制作过程和制作工艺，同时要求过程中能够在老师或者师傅的指导下较好地完成相关工具和软件的使用等。同时作品在设计与制作的过程中，要求学生必须亲力亲为，以减少直接抄袭的概率。毕业生在完成作品的过程中还要学会使用相关的设备和器材，这样更加有助于提高毕业生对专业知识的进一步了解和实际工艺过程的掌握，有助于培养学生的实践能力。

通过部分同学设计与制作的优秀作品，重点选拔原创性较强且具有一定创意和创新的作品。再组成创新小组，对相关作品进行进一步的完善和提升，参加相关的竞赛评比。最后，通过优秀作品的评比获奖及收集展示，突显专业特色和培养的学生技术技能。作品实际上就是学生技术技能最好的广告，也是专业影响力和特色的最直接的体现。

（四）改革的影响因素

既然是改革，就需要设计纲领性提案，并要形成与之配套的管制制度或条例等，只有在政策的配套下或扶持下，改革与实施才有可能实现和完成。当然要想对现有的毕业综合实践报告进行“作品+设计说明书”为导向的改革，必须面对和处理以下几项可能遇到的问题。

1. 教师阻碍

对现有的毕业综合实践报告进行“作品+设计说明书”为导向的改革，在一定程度上与现有模式相比较，对论文的指导教师提出了更多的要求，需要指导教师付出更多的时间去指导，甚至还要学习等。因此部分教师可能会反对改革对毕业综合实践报告的提议，尤其是在改革的初期。如何能使专业指导教师严格按照新模式进行改革和落实就显得尤为重要。

2. 毕业综合实践报告的实施改革

无论对学生还是老师这都在一定程度上提出了更高和更多的要求。很多同学在对比过去毕业生和他们之间的评价要求时，发现新模式给他们提出了更多的要求，评价的标准也更加严格，同时在完成毕业实践报告的过程中，还需要付出更多的时间和金钱进行设计与制作。因此，学生可能出现逆反情绪或者对抗情绪，这就需要在保证专业教师情绪的基础上，引导专业教师去协调学生的情绪。

3. 评价标准需要做一定的调整

过去以毕业综合实践报告的模式进行的评价，相对容易。而采用新的模式需要考虑学生作品的创新性、设计与制作的难易性等方面。

（五）小结

高职毕业综合实践报告是考核和评价高职生的最后一个重要环节，如何结合专业，提出专业建设及专业特点更加紧密的教学模式，直接影响专业的建设、学生的技能培养等。本书通过样本专业——包装策划与设计专业推行新的毕业综合实践报告新模式的研究，明确了新的改革方案，一方面可以提高学生对三年的专业知识进行好的总结和提炼，另一方面，通过作品的创意与设计对专业成果的积累和宣传起到了非常重要的作用。当然，在实施和落实的过程中可能还存在诸多有待完善和提高的地方，需要改革者积极探索和创新，并稳妥推行。

四、创新创业教育与案例分析

（一）高校创新创业教育的社会背景

随着我国经济社会发展进入新常态，党中央、国务院作出了加快实施创新驱动发展战略、建设创新型国家的重大决策。人才是创新的核心要素，创新驱动实质上是人才驱动，其迫切需要深化教育教学改革，加快培养富有创新精神人才队伍。从中央到教育系统，全面、深入开展创新创业教育改革已成为共识。

党中央、国务院高度重视高校创新创业教育工作。党的十八大明确提出，要加大创新创业人才培养支持力度。习近平总书记多次作出重要指示，要求加快教育体制改革，注重培养学生创新精神，造就规模宏大、富有创新精神、敢于承担风险的创新创业人才队伍。习近平总书记访美期间还专程视察了清华大学与华盛顿大学、微软公司在西雅图创建的全球创新学院，并赠送了水杉，寄寓学院茁壮成长，培养全球经济发展和科研创新急需的高端人才。李克强总理多次强调，大众创业万众创新核心在于激发人的创造力，尤其在于激发青年的创造力。为贯彻落实党中央、国务院重大决策部署，国务院办公厅专门印发了《关于深化高等学校创新创业教育改革的实施意见》，从国家层面作出系统设计、全面部署。各地区、各部门高度重视，迅速行动，认真贯彻落实中央要求，目前已取得重要阶段性成效。教育部专门召开会议进行动员部署，研究制定相关配套文件，并对有关政策进行了集中持续宣传解读。财政部、教育部等部门拟在中国教育发展基金会设立大学生创新创业教育专项资金，每年用于奖励对创新创业教育作出贡献的单位。人力资源和社会保障部等部门简化了大学生创业程序，帮助大学生更便捷地享受创业税收等相关优惠政策等。各地党委政府积极行动起来，一些地区省委、省政府负责同志亲自部署推动，结合实际研究出台了专门文件，加大了政策资金支持力度，多措并举推动改革，各地创新创业教育改革呈现蓬勃发展态势。高等学校主动作为，适应新形势、新要求，扎实推进创新创业教育改革。2015年10月112所中央部委所属高校制定了深化创新创业教育改革方案，还有许多高校将创新创业教育改革纳入学校综合改革方案，积极有序推进。2015年10月全国有137所高校、50家企事业单位和社会团体联合成立了“中国高校创新创业教育联盟”。新疆、甘肃、陕西、青海四省区的16所大学科技园联合建立了“丝绸之路经济带众创空间”。2015年以来，全国高校共设立创新创业基金达10.2亿元，吸引校外资金12.8亿元，为支持大学生创新创业提供了有力的资金支持。特别值得肯定的是，由教育部会同发展改革委、工业和信息化部、人力资源和社会保障部、共青团中央和吉林省联合举办的首届中国“互联网+”大学生创新创业大赛，紧扣经济社会发展需求和高等教育综合改革实际，以赛促教、以赛促学、以赛促创，充分展示了当代大学生积极健康向上的精神面貌和高校创新创业教育改革的丰硕成果，培育创新创业文化，赢得了良好的社会反响。

(二)“专业+工作室”模式创新创业教育辨析

近几年高等职业技术学院在国家政策的引导下得到了快速发展，建设成效也越来越明显。很多专业为了提升师资队伍和学生的技术技能，一方面加强课堂教学质量的建设与改革，另一方面也在加强课外的实践环节，提升师生课外的教科研能力，其中典型的工作平台就是专业工作室。很多专业为了提升教科研能力，往往通过工作室平台将课程中的专业点通过项目等模式进行实施和完成。在此背景下，作者提出了“工作室+专业及专业群”培养模式，并以作者所在单位的个性条幅工作室为案例进行分析。

1. 工作室模式的国内外发展概况

(1) 国外现状。工作室模式源自于德国包豪斯设计学院，该模式创始人格罗皮乌斯提出将艺术和工艺合二为一，才是真正的现代设计。他强调，在科学基础上建立新的教育体系，可将科学逻辑的工作方法与艺术表现完美结合；把教育重心由“创作外型”转移到“解决问题”，可使设计体系走向实用、经济和美观。20 世纪初，包豪斯设计学院应用工作室模式进行教学，让学生参与设计制作全过程，让教师通过“作坊”来完成教学工作，而这一设想，合理地把设计教育由美术型引向与技术相结合、并且以技术为主导的理工型教育体系中，实现了“知识与技术并重，理论与实践同步”的教育理念。其倡导的工作室教学模式对现代设计教育具有深远意义。

(2) 国内现状。在目前大众创业、万众创新的背景下，国内诸多专家和学者结合自身专业特长创建了各式各样的工作室，并通过改革与创新取得了一定的成果。比如义乌工商职业技术学院王建新教授在《中国高教研究》杂志上发表了《高职院校“教学—科研—创业”一站式人才培养模式的研究——以义乌工商职业技术学院产品造型专业为例》；凡欣、杨燕群等同志在《学校党建与思想教育》杂志上发表了《工作室模式：大学生创新创业教育的有效平台》；谢志远教授在《教育发展研究》杂志上提出利用地方优势开展大学生创业教育等，诸多专家创新创业理念和成果的发表为创新创业的研究提供了理论支持。

对高职学院而言，“理论+实践、专业+创新”日趋成为高技能人才培养的关键环节，更是用人单位评价的核心指标。俗话说“名师出高徒”，引进与培育技能大师，走进课堂、实训室，融入高技能人才培养有着非常积极的意义。

2. “工作室+专业”模式探索

（1）工作室定位。工作室一般是指依托专业或专业群为平台，开展教学、科研以及创新创业活动的工作平台。因此，工作室开展的活动应该与依托的专业或专业群发展方向相一致，只有这样，活动的开展、教科研的探索以及学生的创新创业才有意义，研究的成果才能与专业资源共享，才能对专业产生正面的支持作用。

为了让工作室的开展符合专业的需求，一般需要专业教学团队在结合人才培养方案的需求基础上，设置相关的活动内容和研究方向，并且购置一定的教学和活动辅助设备等。

人才培养方案是职业院校人才开发的纲领性文件，直接规划了专业人才三年中知识、能力和素质要求及课程体系等。因此，工作室的运作应该紧密结合专业和专业群人才培养体系，制订操作性强的运作方案；尤其是将工作室的创新创业教育和活动与专业课程、实训课程等有机衔接。工作室制定培养计划和工作方案的过程要侧重于培育专业知识的综合应用与创新型实践活动等，在提升同学专业知识应用与服务社会的过程中实现成果的转化与专业品牌的建设。

（2）工作室的设置。

1）工作室人员构成。工作室是依托专业和专业群为基础开展实训的工作平台，就现在高职院校而言，一般人员主要包括工作室负责人、专业教师团队和部分优秀学生或者有兴趣的学生。部分工作室为了提高活动的效果，在经费允许的情况下，还可以邀请部分企业的技术人员参与工作室的运行。

一般应根据工作室的经费和场地的需要，配置合理的工作室成员，小规模的工作室，教师在2~5名以内，师生比控制在1∶5以内，工作室的场地需要50~80m^2，同时还要结合设备的数量和大小，如果设备和其他辅助性的材料较多，工作室的面积还需要增加。

2）工作室的设备配置。工作室不等同于办公室，其最大的区别在于工作室不仅承担办公场所的功能，同时要开展创新创业、教学和科研等系列活动，因此购置与活动目标相结合的设备设施是非常有必要的。一方面工作室可以利用这些设备设施完成一定的教科研活动；另一方面可以做一些经营型的活动，产生一定的盈利，用于支持工作室的后续活动和对工作室成员的奖励，以提升工作室的业绩和成效。

另外，工作室的开展是依托专业和专业群的教科研和创新创业的活动场所，因此在活动的过程中，可以充分结合专业和专业群的资源，包括现有的软硬件设备及其他的相关资源。在整个活动过程中，要适当注意处理好公有资产和私有资产的关系，做好活动的记录，作好资产的管理和维护，减少不必要的麻烦和问题。

3. 工作室活动开展

（1）运行模式设计。探索“专业+工作室”的创新创业模式，开展以项目、任务、产品开发等方式的创新创业教育。

在项目开展和实施的过程中，应依托“专业+工作室”模式，对接行业、企业，并通过项目式、任务驱动式、企业案例式等模式培育学生创新创业和开展工作室工作。

以作者所在的印刷包装专业为例，目前设有教师提升的技能大师工作室和学生创新创业的起乐工作室。开展项目时，工作室与所在地区较大的包装印刷、计算机信息传媒等相关企业建立校企会合作关系，在合作的过程中有选择性地寻找企业亟需解决的实际技术性难题且工作室团队在一定条件下能够完成的实际项目；并通过项目的分解和具体的细化等路径对实际项目进行实施操作，同时组织好专业指导教师团队和学生团队参与研发和创新。

（2）资源构建。目前，大师工作室先后与浙江××包装有限公司、温州××纸材科技温州股份有限公司、温州市×××印业股份有限公司等企业签订了部分项目的合作开发协议。一方面与企业共同开发部分新产品，并将开发的过程引入学生的实训提升教学环节；另一方面组织学生参与产品的设计、性能评测等环节。

通过校企合作的模式，为工作室开展活动提供资源，并形成两个目标：一是专业教学团队参与公司的新产品、新技术的学习，项目的申报和研发等活动，对专业教师的专业知识有所提升，并在活动的过程中获得了较多的研发数据和资料，为专业教师申报教科研等提供了支持。二是通过项目的实施，让更多专业的学生了解专业实践，了解相关企业产品的生产过程，为学生尽早走进社会和企业提供了更多的实践基础。诸多社会资源的引进，为开展学生创新创业教育奠定了良好的项目基础。

4. 个性条幅工作室创新案例

以作者所在的印刷包装专业为例，为了更好地开展“专业+工作室”模式的创新创业，专业团队依托印刷包装专业开设了个性条幅工作室，为专业学生实习提供自己运营的空间和平台，另外成为专业教师创造指导学生的抓手。

根据条幅的设计制作流程和现有客户的需求等，开设个性条幅工作室需要从以下几个方面考虑：工作室场所、工作室的定位、开发的产品或服务的市场分析、工作室的设备配置、工作室的运营与管理、运营方式设计、工作室的考核等。

（1）创办背景分析。条幅作为主要宣传方式之一，得到了广泛应用。目前市场上以传统条幅为主，但其样式较单一，缺乏个性化，宣传效果不够理想。随着经济的发展、人们生活水平的提高，个性条幅已成为现代人生活中的一种体现自我的方式。个性条幅可在传统条幅的基础上通过新颖的标语、精美的平面设计和精良的印刷效果来增强条幅的宣传效果。当前，我国个性化条幅市场尚未成熟，制作公司相对较少，制作方式以喷绘、写真为主，且成本较高、价格昂贵，只能为少数顾客接受。针对这些现状，首先利用现有的资源（实验设备、实验场地），通过创新设计和工艺改进，制作出符合宣传主题的个性条幅，具有样式丰富、环保、成本较低、价位适中等优点。通过本项目的实施，还为各专业的学生提供了一个学习、交流、互动的平台，丰富了学生的社会实践经验，增强了学生的专业技能和创新能力，使学生各方面得到锻炼，同时也为学生带来一定的经济收入。

（2）市场分析。市场分析是项目开展的关键环节，是项目最终能否取得成果的有效保证。市场分析必须结合项目的可行性、必要性、社会需求和有效运营保障等多个方面进行设计与调研。在整个调研和分析的过程中，重点论证四个方面，其一是项目的开展是否有市场需求，需求的对象是哪些人，需求量有多大等；其二，项目开展需要投入的经费是多少，在资金的筹措方面有无保障，周期多长，融资的成本如何等；其三，项目开展需要购置哪些设备、材料等，价值如何，还要考虑到生产和创业的环境、场所及流通等；其四，还要考虑到其他的保障措施，比如创新的形式，是否注册公司、是否注册其他的运营结构，后续的开票和管理等系列问题。

（3）项目创办基础。

1）经费扶持。经费是整个项目开展的前提，可以争取学校的项目经费或通过校企合作的模式争取项目经费。当然，学生之所以能拥有这样一个锻炼自己的机会与展示自我的平台，主要归功于学校的大力支持，为学生自主创业提供了良好的平台。并且，学校里拥有整套条幅生产设备，包括高配置的电脑、高档四色印刷机，切割打样机、缝纫机等，为学生的工作提供了一个优异的环境。

2）优秀的指导老师。优秀的实践性强的指导老师是大学生在校创业成功的一个关键因素，只有这样才能较好地解决实际操作过程中遇到的一系列问题，才能较好地全面指导和协调。

3）工作室的场地也是开展活动的重要条件。一般初期的用地都相对较为紧张，随着业务的增加，后续会有所改善。

（4）项目的运营、管理和遇到困难的处理方式。工作室要想持续发展，不仅取决于工作室的定位、服务的能力，以及资金等问题，而且在工作室开展的过程中，管理的模式也是非常重要的，一般情况下必须制定操作性强的管理制度，以确保项目能够有效地运行和维系。

在创业过程中遇到的困难与解决办法。在接近半年的创业过程中，虽然目前工作室总体运转情况良好，但其形势依旧比较严峻，存在的问题很多，主要问题及解决办法包括以下几点：

1）目前温州市印刷行业发展已经相当成熟，所以竞争非常激烈。因此需打破横幅的传统制作模式，通过创作设计符合客户要求且具有个性化的作品来培养核心客户群，拓展业务空间。

2）竞争压力大，创业要有激情、要有拼劲，同时要有一定的风险意识。目前市场上的普通条幅样式较单一，缺乏个性化，宣传效果不理想，导致业务量降低、利润减少。因此项目组利用现有的资源，结合顾客的要求，通过添加图文、变化字体、调配色彩等方法，来设计制作更贴近宣传主题的条幅，增加宣传效果，促进业务量上升，利润增加。

3）缺乏经验。缺乏从职业角度整合资源、实施管理的能力。这应该也是每一个在校大学生必然面对的问题，也是大学生创业成功率低的主要原因。因此，学生从不“纸上谈兵”，哪怕是从很小的一笔生意开始，也要亲自去尝试一下。当然，前提是项目组要明确知道，即使失败了，也不会直接影响学生的学业，同时经济上学生也是承受的起或者是由第三方给予保障的。项目组采用通过与多家厂商合作的方式降低风险，这样可以降低由于某家厂商提供产品质量不符合要求或是合作等方面出现问题而使整个公司瘫痪的风险。在这个过程中，学生学会了利用自己周围的资源，向有创业经验的老师和学长请教，让他们作为军师为自己把关，从而降低风险系数。

4）心态不够沉稳。大学生创业初始有一个重要的心态关：心态一定要平常心对待，不求财富满罐，但求事业有成！当然这里所说的平常心对待是指，首先，我失败了、损失了，我的学业也不会因此而受到影响，项目组的经济也负担得起。其次，成功了我也不会因此而暴富，也不会因此而情绪膨胀，只不过我多了一种零花钱的来源而已，最重要的是我拥有了成功的经验。但求事业有成指的是，虽然损失对我来说微忽其微，但我更加珍惜、更加在乎这件事情的成败，因为成功相对于失败来说，即使再小，那也是成功。所以，我一定要认真、认真、再认真！而且除了有好的心态以外，还不能视野狭窄、过于自负，应虚心接受别人的意见，并敢于直面挫折和失败，时刻保持创业激情，这也是大学生突破创业瓶颈不可忽视的精神力量。

（三）小微园创业平台构建与探索

前面探索了基于校内工作室模式下的创新创业。在校大学生创新创业可以充分利用学校的资源，完成创新与创业。当大学生毕业走出校门后，应该充分利用社会资源开展创新创业活动。其中典型的模式就是充分利用地方政府的扶持政策，开展小微园创业活动。

地方政府为了推动大学生创新创业活动，培育新型小微企业和后生力量，在很多方面都出台了配套政策，以作者所在温州地区为例，近年来出台了《加快小微企业创业园建设实施方案》，以破解小微企业创业的空中制约。其特点为：（1）小微园建设更加突出了要素整合的优势；（2）小微园的建设解决了小微园内企业融资难的困扰；（3）小微园将用更大力度的政策吸引高校、科研院所与小微园创业搭建联盟，发挥技术和资本的聚合效应；（4）小微园将用更大力度引导高新技术产业在小微园集聚，使大学生的专业优势得到更好的发挥。

1. 充分利用小微园的政策支持，争取更加优惠的政策

地方政府为了鼓励大学生创新创业，一般对大学生的创业活动提供场地租金补贴、税收比例优惠等政策和扶持措施。因此大学生在创业活动中，可以结合地方政策，争取优惠措施，为创业初期提供便利。

2. 从传统的创业实践教育向创业优势与专业相融合转型

建立与大学创业实践相匹配的平台是创业实践取得成效的关键。多年的创业实践表明大型企业高级人才集聚、研发能力领先、管理水平先进，与大学生创业的起点、层次及能力难以匹配，使大学生优势难以得到发挥、创业实践难以见效。我国小微企业正处于发展的起步阶段，当前更需要的是基础性的技术与人才，且小微企业量大面广、富有活力，与大学生创业的特点相适应、相匹配。要建立与大学生专业相对的企业与行业的合作机制，充分发挥大学生的专业特长和专业优势；积极依托小微园行业组织、专业机构，按照不同的行业及专业进行分类，与不同专业大学生创业进行对接，更好地将创业与专业结合起来，创造更好的社会价值，取得更好的创业成效。

（四）小结

随着“大众创业、万众创新”时代的到来，高职院校的人才培养模式也必须加大对创新创业教育的改革。当前，部分高职院校对办学理念、办学模式进行了调整，加大了对就业创业教育的重视，但还存在着一定的差距。

总而言之，高职院校开展创新创业教育要把培育大学生创新创业精神提高到办学宗旨和可持续发展的高度，面向全体学生，结合专业教育，将创新创业教育融入人才培养全过程。要以转变教育思想、更新教育观念为先导，以提升学生的社会责任感、创新精神、创业意识和创业能力为核心，以改革人才培养模式和课程体系为重点，立足专业教育实际，通过专业教育教学改革，大力推进高职院校创新创业教育工作，不断提高人才培养质量。要统筹高职院校资源，加大与企业的联系，制定符合高职院校实际的创新创业教育

教学计划。

学校层面要有效发挥专业教师的力量和积极性，将创新创业教育与专业教育有效融合发展。充分发挥学校优势专业，利用好现有学校产业平台，在教学、实训中，与专业课程目标充分融合，引导学生学好专业，把投身专业创新创业作为创新创业的核心竞争力。通过不断理顺创业教育的工作关系，提高全校广泛参与创新创业教育工作的积极性，形成创新创业教育的工作合力。

学校应逐步加大创业教育的投入，制定科学有效的创业教育评价机制和创业实践激励机制，并牵头联合相关企业与社会资本，设立创业基金，以支持开展与创业相关的竞赛奖金以及创业实践扶持。通过创新创业战略的进一步实施与推动，全面开展创新创业教育，激发学生的创新创业意识，全面提升学生的综合素质和创业能力，提高创业效率，创造积极的创业环境。

要打造普及化的创业通识课程平台和精英化的创业实践平台，根据学校的专业特色和学生教育发展的规律，将创业教育纳入新的人才培养方案，设计循序渐进的让学生“想创业、敢创业、能创业、会创业”分层、分级的施教内容。不能把学生的创新创业教育简单地理解为提高学生就业率的渠道，而是要在创新思维、创意灵感和创业素质培育上加强引导和帮助，让学生想创业、敢创业。

学校可对有创新创业意向的学生进行筛选，组建若干结构合理的创业团队，培育具有创新能力和创业素质的人才。对创新创业实践教育和学分进行挂钩，实施创业导师制，并为个别创业优秀的学生采取免修不免试、学历进修、推优入党等政策。通过聘请成功企业家和职业经理人担任创新创业导师和顾问，让贴近社会实践的创业经验进入校园，拓宽学生创业视野。

高职院校创新创业教育是一项长期、复杂和艰巨的系统工程，是一个不断发展、成熟和完善的过程，它需要政府、社会、企业、高校等各方主体的努力配合和协同创新，需要高校内领导、管理部门、教师以及学生的共同努力。高职院校应不断探索与实践、总结与提高，形成有特色的创新创业人才培养模式，切实有效地提高创新创业教育质量，为高职学生成人成才和实现自我价值提供广阔的舞台。

第二节 校企共建实训教材及案例分析

校企共建实训教材，是校企合作的一个重要方式，也是校企共建完成人才培养过程的一个重要环节。近年来，随着职业教育改革的不断深入，基于工作过程的教学内容逐渐植入职业教育课堂中，学生可在课程教学和实践过程中在一定程度上掌握相关企业或行业的生产工艺过程和工作岗位内容。当然学习的效果和质量影响因素较多，一方面取决于专业授课老师的职业经验；另一方面取决于教材的编写和选用等。为了更好地推进基于工艺过程的工作内容进入课堂教学，尤其是实训教材，下面重点探讨如何采用校企合作模式完成实训教材的建设。

一、校企共建实训教材模式分析

（一）选题

校企共建教材选题非常重要，教材的种类较多，如果选取一般性的教材，往往偏向于理论，这类教材往往不适合采用校企合作模式共同编写。对于部分实训教材或侧重于实践类的教材，往往更加适合于校企合作共同完成。目前，教材的编写随着职业教育改革的深入，其表现方式也差异很大，早期的实训教材往往是简单的图文并茂，更多的是示意图。后来的编者更加注重操作过程的描述，教材编写在结合设备的情况下，按照操作过程逐步描述，并配有设备的操作图片。近年来，随着移动设备的不断流行和手机的发展，教材的编写逐步与视频和电子图片相结合，直接采用视频和现场操作讲解等方式，更加立体化地阐述整个实训的各个环节，让学习者能够更好地掌握和领会。

（二）选择合适的合作企业

首先，校企共建实训教材需要根据编写的教材内容，选择合适的企业共同完成，一方面企业需要具有与编写设计内容相关的先进设备，其次企业需要提供技术支持或选配合适的技术师傅参与整个编写、视频拍摄等系列环节，甚至要参与实训教学内容的现场操作讲解等。由于部分企业怕影响生产或者技术保密等情况，不一定愿意参与，因此企业的选择需要慎重考虑。

其次，编写教材涉及的知识面相对较广，通常不是针对一个产品或简单的几道工序，更多的是讲解相关产品的整个生产工艺和相关技术岗位的专业技术，因此选择的企业往往应涵盖上中下游多家企业。

再次，企业的选择应该具有一定的代表性，比如设备的先进性要较好，不一定是最先进的，但是肯定不可以是比较落后的企业。

最后，选择的企业最好是合作良好的校企合作单位，后续能够提供一定数量的实习岗位，这样编写的实训教材能够现学现用。

（三）编写的具体内容

实训教材根据编写需要可以选择出版，也可以选择不出版。但是编写的质量要适当控制，要形成符合专业定位或培养对象要求的教材。为了提高编写的质量和适用性，一般应考虑教材的选题定位、教材的表现方式和合作内容的编写与校正方式等。

（1）选题定位。编写的内容应该结合产业的特点和企业的资源设计，尽可能有重点的编写。实训教材不同于普通教材，尤其是培养技术技能型人才，其实训教材的可操作性要强。

（2）表现方式。前面提到传统的教材编写和现在的教材编写的表现方式有一定的差异。过去因为资源有限，因此更多是选用示意图等方式表达操作过程。随着教学资源和合作模式的改变，尤其是移动设备的使用，建议编写的实训教材能够与移动设备相结合，即使资源不够的情况下，也可以采取现场操作、图文并茂的表现方式。这样可以提升初学者的学习效果。

（3）内容编写与校正。既然实训教材选择了校企合作编写，编写内容往往可以共同完成，一方面可以作为高职学生的实训教材；另一方面也可以作为企业技术员工的操作教程或新员工的上岗培训教材等。

教材编写完成后，需要双方共同校正和修订。这样可以减少编写过程的偏差和错误等。

二、案例分析

为了更好地和同行交流关于校企共建实训教材的心得和体会，下面以作者所在团队编写的浙江省“十二五”重点建设教材的过程为例进行分析。

该教材的模式为图文并茂式，校企合作单位是温州立可达印业股份有限公司。

刮墨刀安装与调节

（一）课题要求

（1）了解凹版印刷机刮墨刀的组成结构与作用。
（2）掌握刮墨刀的安装工艺。
（3）熟练掌握刮墨刀角度和压力调节。

（二）实训场地及仪器

凹版印刷车间现场，凹版印刷机、刮墨刀条、内六扳手工具一套。

（三）实训指导

凹版印刷是将图文雕刻在金属滚筒上，图文部分低于空白部分，而凹陷程度又随图像的层次有深浅，图像层次越暗，其深度越深，空白部分也在同一平面上。印刷时，全版面涂布油墨后，用刮墨机械刮去平面上（即空白部分）的油墨，使油墨只保留在版面低凹的印刷部上，再在版面上放置吸墨力强的承印物，施以较大的压力，使版面上印刷部分的油墨转移到承印物上，获得印刷品，如图3-9所示。因版面上印刷部分凹陷的深浅不同，所以印刷

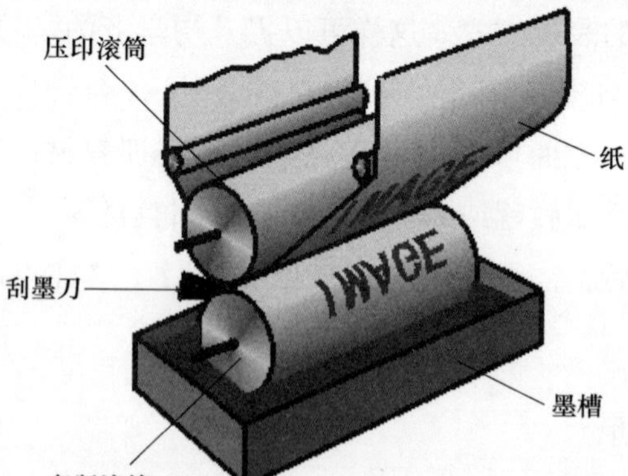

图3-9 图文印刷设备

部分的油墨量不等，印刷成品上的油墨层厚度也不一致，油墨多的部分显得颜色较浓，油墨少的部分颜色就淡，因而可使图像显得有浓淡不等的色调层次。目前常用的凹印刷版按图文形成的方式不同可分为雕刻凹版和腐蚀凹版两大类。

刮墨刀选用、安装与调节是凹版印刷的一个关键性环节，对油墨转移、图文复制再现和印刷效果有着决定性的影响。刮墨刀的作用就是刮去凹版金属滚筒表面多余的油墨；刮墨效果直接取决于刮墨刀刀条质量、刮墨刀刮墨角度和刮墨压力等要素。

“刮”的意思就是，在物体运动的过程中，通过外力的作用使其发生断裂。在刮墨过程中，连续运转的滚筒带动油墨随之运动，而刮墨刀的压力就是外力。

为了将油墨从金属凹版版滚筒表面刮除，首先，刮墨刀必须得穿透油墨墨膜，只有刮墨刀的边缘才能够做到这一点，因此，刮墨刀与版滚筒接触的方式十分重要，比如接触的角度、刮墨刀边缘以及所施加的压力的大小等。

（1）刮墨刀条准备。刮墨刀条准备见表 3-6。

表 3-6 刮墨刀条准备

	（1）常用刮墨刀。刮墨刀一般以卷筒盒装为主，每盒 100m，防腐包装，印刷厂家使用时，根据印刷机型号和刮墨刀架宽度截取。截取时刀片长度比印版长 10~20mm； 选用要求：一般选用片薄、强度高、韧度佳，具有优良力学性能的金属刀片
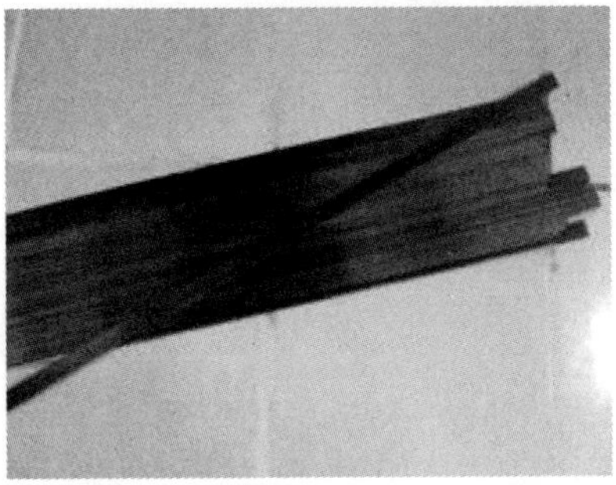	（2）压条。左图为刮墨金属压条，裁切尺寸较刮墨刀条长 3~5cm，厚度一般在 0.5~1mm，一般金属压条有较好的弹性； 凹版印刷机刮墨刀一般较薄，为了提高刮墨刀条挺度和刮墨效果，在装刮墨刀时，应在刮墨刀条上方安装金属压条，增强刮墨刀条的挺度，提高刮墨效果

续表 3-6

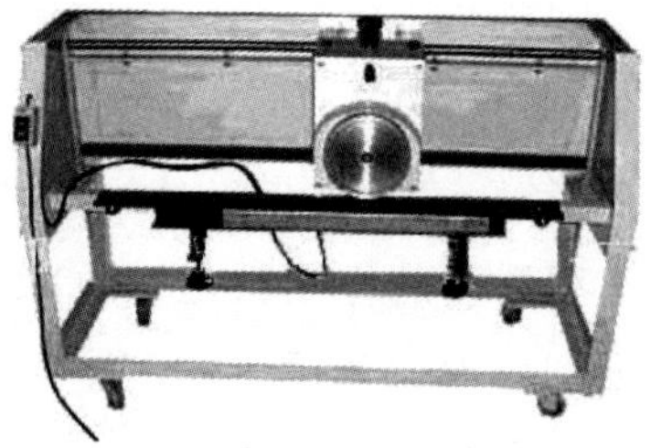	（3）刮墨刀研磨机。刀片使用前一般需要进行研磨，目前常见的有手工砂纸研磨和专用机械研磨（左图为专用的研磨机）； 一般选用 500～600 目水磨砂纸进行研磨，磨刀时，先用砂纸把刀背面磨成约 25°斜口，然后再对刀刃进行研磨，刀刃角度磨成 30°比较合适，磨刀时应注意刀片易割伤手指

（2）刮墨刀安装调试流程。刮墨刀安装调试流程如图 3-10 所示。

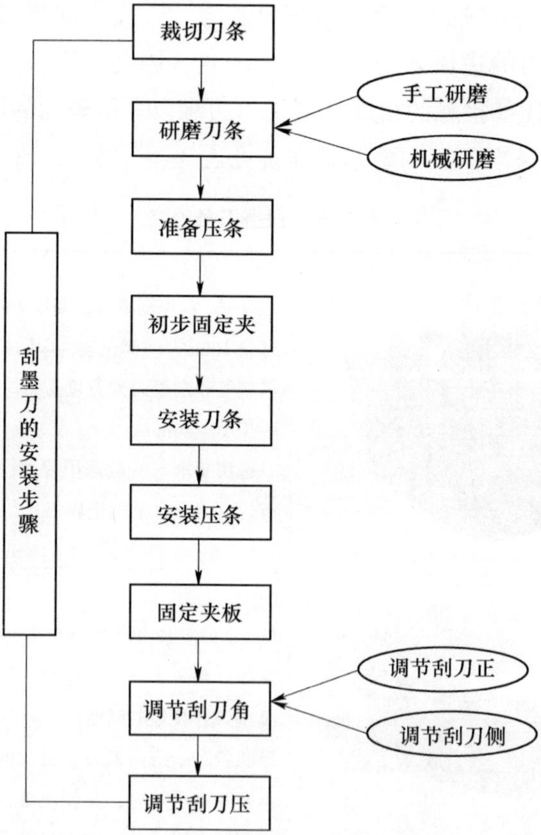

图 3-10 刮墨刀安装调试流程

（3）刮墨刀安装。刮墨刀安装见表 3-7。

表 3-7　刮墨刀安装

	（1）印刷刮墨系统结构图。该机构由印刷装置、刮墨装置、刮墨调节装置等组成； 印刷装置：金属凹版滚筒、压印滚筒； 刮墨系统：刮墨支架、刮墨刀条、压片； 刮墨调节装置：压力调节装置、角度调节装置、左右摆动装置等
	（2）刮墨刀安装。 1）装夹板。如果是第一次安装刮墨刀刀条，应除去表面的灰尘和杂物，用扳手松开表面的螺丝，松开夹板；如果夹板开始就在支架上，只需松开便于后续安装刀条即可；如果夹板未安装，需初步固定螺丝，但不要拧紧，以方便后续安装刀条和压条
	2）装刀片。将长度已经裁切好的刀片插入已经松开的夹板之间的夹缝，居中对齐，插入深度以顶到螺丝处为准，一般伸出夹板的长度在 5~8mm
	3）装压条。由于刀片较薄，一般在刀片的上方安装压条，增加刀片的挺度和刮墨效果，压条和模切用的压痕线条相似，一般厚度在 0.25~0.35mm，居中安装，超出夹板 2~3mm 即可

续表 3-7

	4）锁紧固定。调整刀片和压片的位置，刀片伸出垫刀片 3~5mm，完全调整好刀片和压条后，开始固定夹板； 刀片放在压条下面，装入刀槽后再旋紧螺丝，应先从刀片的中间旋紧，再逐渐往外，并且两边要轮流旋紧；窍门是旋紧螺丝时，应经两遍或三遍完成，不能一步到位，应一边旋螺丝，一边拿着一块碎布夹紧刀片与衬片并用力向一侧拉，这样装成的刀比较平整，可以保证印版墨量均匀

（四）课后习题

（1）凹版印刷机刮墨刀的基本组成与作用是什么？

（2）讲述刮墨刀的安装基本工艺过程。

（3）刮墨刀角度和压力调节时需要注意的事项有哪些？

（4）影响刮墨效果的主要因素有哪些？

（5）一般情况下，刮墨刀调节的适合角度是多少？

第三节　学徒制改革与企业课堂

一、学徒制辨析与实施

（一）现代学徒制模式辨析

现代学徒制是现代职业教育改革的重要模式之一，日益得到国内职业学校的重视。学徒制在中国早已存在数百年，随着近代的教学理念的变革，加上教学模式和手段的变化，又将原有的学徒制进行了创新和提升。

在国外，学徒制在工业革命后日益兴起，尤其是第二次世界大战之后，其中典型的模式代表有德国“双元制”、英国“三明治”、澳大利亚“新学徒制”、美国“合作教育”及日本“产学合作”等模式。为了更好地了解国内外现代学徒制的发展现状和特点等，作者对推行和实施现代学徒制较好的国家和地区进行了资料收集和整理，基本情况如下。

1. 国外代表性的学徒制模式

（1）德国现代学徒制。一提到现代学徒制，很多人首先会想到德国，事实上，在推行现代学徒制方面，德国等国家确实走在前列，有着自身的特点和模式。德国现代学徒制人才培养模式主要是双元制模式，采用半工半读的方式完成职业教育和教学，真正实现了学中做、做中学，是理论与实践相结合的一种有效方式。

众所周知，德国作为第二次世界大战的战败国，在受到战争洗礼后，成为了一个一穷二白的国家，然而在德国人民的努力下，仅经过短短 20 多年，其经济就得到了快速恢复和发展，这在很大程度上与德国重视职业教育有着密不可分的关系。德国办学模式形式多样，德国既有国家办学形式，也有企业办学、国家与企业联合办学，以及宗教团体和个人办学等模式。德国国家办学指的不是联邦办学，而是州政府办学，这些州政府提供资金，创办各类职业学校和高等专科学校等。还有部分企业积极参与技能人才培养，其举办职业教育的目的首先是为本企业培养技术人才，满足企业用人需要；其次是扩大本企业的影响，产生良好的社会效益。有些企业除了希望培养技能人才以外，还想通过这些活动，提升其在行业中的影响力、社会地位和话语权等。诸多教学模式和教学活动，为第二次世界大战后的德国提供了大量的技术技能型人才，也为企业高效发展提供了可能，并且这些教育教学活动逐步形成了独有的办学模式和办学特点。另外，德国的学徒制刚开始是从手工学徒制开始，慢慢过渡到现在大家耳熟能详的现代学徒制。德国学徒制的发展离不开国家的大力支持，企业、行业的广泛参与以及社会对人才的极大需求，并且在发展到一定阶段的时候，国家出台了一些相关制度和法律，有效地保障和推动了职业教育的发展和现代学徒制模式的推行，包括学徒选拔和技能评价制度、培训投资成本共担制度、集体谈判与协商制度、多主题参与协同治理制度、重视技能和工匠的社会文化制度等。

事实上，除了德国学徒制模式受到诸多学者的研究和推崇外，还有很多发达国家在现代学徒制实施方面也取得了较好的业绩，包括美国、日本、澳大利亚等国家。这些国家在实施的过程中得到了政府方面、行业和企业方面极力支持，并形成了自已独有的办学模式和特点。

（2）英国“三明治”模式。英国“三明治”模式实际上是通过学校或培训机构制定教学计划，学员以“学习—实践—学习”的产学结合模式实施教学的体制，这种模式是英国政府主导下的现代学徒制模式。所谓“三明治”模式，实际上是对半工半读、工学交替的课程设置体系的形象描述，学生一部分时间学习理论；另一部分时间从事实训学习或顶岗学习。该国现代学徒制体系分为中级、高级与高等学徒制三种级别，学徒采用一段时间在校学习、一段时间在企业实习，工读交替进行培训的机制。

英国作为资本主义国家，有着较强的工业基础，较好的工业基础为现代学徒制的诞生与改革提供了良好的土壤和氛围。根据资料显示，在 20 世纪初期，英国桑德兰技术学院为了有效地服务当地工商业的发展开启了“三明治”教学模式，开始了“工学交替”的教学模式探索。后来很多的学校和培训机构纷纷仿效，在办学的课程体系中增加新出现的科学和实用技术的教学，同时，为了强化与所在区域企业的合作，为学生开发了边学习、边工作的办学模式。直到 1945 年，英国政府才开始重视并研究和规范现代职业教育，逐步推动了所谓“三明治”的职业教育办学模式。到了 20 世纪 80 年代，英国的“三明治”职业教育办学模式日趋成熟，同时相关部门也出台了一系列的政策和方案。

从英国“三明治”模式整个制度的变革到形成，首先体现了社会的需要，尤其是行业和企业的需要，其次是学校的配合，最后就是政府的重视，三者缺一不可。

（3）澳大利亚“新学徒制”模式。澳大利亚“新学徒制”模式也是近年来我们学习和了解的重要模式之一。澳大利亚曾经作为英国附属国之一，其国家的人员结构、生活方式、文化与意识，甚至货币等都与英国密切相关，澳大利亚的职业教育体系与英国的职业教育有着密不可分的关系，甚至很多地方都是在英国的职业教育基础上发展而来，当然在发展的过程中有着自己的创新，并最终形成了独有的办学模式。

澳大利亚在 20 世纪 90 年代末，为帮助青年人、学校辍学者和失业者重返劳动力市场，建立了新学徒制，拓展了传统学徒制的行业基础及生源范围。

1996 年，澳大利亚政府将学徒制和受训生制合并，统一称为“新学徒制”，并制定了资格框架（Australia Quality Framework，AQF）和培训包（Training Packages，TP）。2001 年，澳大利亚政府修订了以前的认证框架（Australia Recognition Framework，ARF），形成新的质量培训框架（Australia Quality Training

Framework，AQTF）。至此，澳大利亚新学徒制框架形成，包括国家资格框架、培训包和质量培训框架三项。

澳大利亚“新学徒制”模式通过国家统一制订的资格框架、质量框架及培训包，行业或企业增设特色内容，企业与学校共同合作来完成教学任务，它的最大特点是以政府与企业为本。学员大部分时间在行业、企业的工作场所学习或顶岗，只有少部分时间在学校学习。因此在这种模式下培养的学生不强调理论的系统化，而是强调理论够用、实用，更多的是强调实践动手能力和操作能力。另外，在TAFE技术学院可以看到很多的学员都是社会人，甚至中年人，与我国的职业学校的学生差异较大。

（4）美国“合作教育”模式。根据资料显示，美国“合作教育”模式是把课堂学习与通过相关领域中生产性的工作经验学习结合起来的一种结构性教育策略，学生工作的领域与其学业或职业目标相关。合作教育的目的性强，学校的过程与环节也比较直接。

美国“合作教育”模式是把课堂学习与生产中的工作经验学习相结合的一种结构性教育策略，它的最大特点是以工作为本。从学徒所要从事职业的岗位能力出发，确定能力目标，且能力目标由若干个子目标构成，并由若干个企业承担培训工作，培训课程注重专业性与实用性并重。

（5）日本的“产学合作”模式。日本的“产学合作”模式充分利用学校、企业及科研单位等多种教学环境和教学资源，把以课堂传授知识为主的学校教育与直接获取直接经验、实践能力为主的生产、科研实践有机结合起来，它的主要特点是政府全面主导企业主体。“产学合作”模式的学徒具有双重身份，既是职业培训机构里的学徒或企业的在职人员，又是职业院校的学生。企业为学校提供资金、人员与实习岗位，学校根据企业发展的要求，有针对性地为企业培养对口人才，实现校企双赢。

上述五种比较成熟的现代学徒制模式中，除了德国“双元制”与美国“合作教育”现代学徒制模式是企业或工作本位以外，其他几种模式都突出了政府在现代学徒制中的主导地位，在现代学徒制的运作机制上，具有“校企合作、产教结合、工学交替”的显著特征。

2. 国内现代学徒制

（1）国内学徒制的制度出台。近年来，我国也日益重视现代职业教育改革，先后在党的十八届三中全会和全国职业教育工作会议中提出了深化产教融合、校企合作，进一步完善校企合作育人机制，创新技术技能人才培养模式等，并先后出台了一系列文件和制度，包括《国务院关于加快发展现代职业教育的决定》（国发〔2014〕19号）、《教育部关于深化职业教育教学改革全面提高人才培养质量的若干意见》（教职成〔2015〕6号）、《关于深化产教融合的若干意见》（国办发〔2017〕95号）、教育部等六部门关于印发《职业学校校企合作促进办法》的通知（教职成〔2018〕1号）等。这些文件精神进一步深化我国产教融合，促进教育链、人才链与产业链、创新链有机衔接，全面推动学校教学改革与服务升级，服务地方经济发展。为了适应国内产业发展和经济转型升级的需要，加大职业教育改革，提升人才培养的档次和质量尤为重要。

所谓现代学徒制，通俗的理解就是在过去师傅带徒弟的传统学徒制的基础上，导入现代办学和育人管理机制，使之既富有更强的现代化职业教育理念，同时不失传统学徒制的教学质量。现代学徒制是一种交替式学习和培训，整个学制大概有近一半时间在学校学习，另一半时间在企业或校内实践性学习和仿真性实践学习。如何有效地在职业教育人才培养的过程中推行现代学徒制，是一个系统化的工程，其涵盖的内容非常广泛，大体包括校企协同育人机制、招生招工一体化、完善人才培养制度和标准以及师资队伍建设等多个方面。尽管内容复杂、涵盖面广，但其在职业教育人才开发过程中的优势不言而喻，因此不少职业院校尝试推行现代学徒制。

目前不同地区、不同的院校，在认真学习国家相关文件和制度的基础上，先后以各种形式推行和实施现代学徒制，有的仿效德国的半工半读学徒制模式，有的采用“2+1”的学徒制模式等。不同的模式主要取决于办学区域的用工模式、培养单位的理解以及教学资源的配置和管理的需要等。

（2）产业学院模式下的“2+1”学徒制。为了更好地认识现代学徒制，下面结合作者所在单位的方案阐述产业学院“2+1”学徒制模式。

1）确定产业学院定位。产业学院是为了有效实现工学交替人才培养，由高职院校和具有相当规模的企业在理念、机制、模式、条件上形成的产学研一体化深度合作、互动双赢的校企联合体（多方合作联合体）。其内涵为培养服务地方产业需求的创新型人才，学校以工匠精神为引领，以产业学院为依托，改革人才培养模式，促进教育链、人才链、产业链、创新链有机衔接，推进人力资源供给侧结构性改革，通过“现代学徒制改革”系统解决产与教、产与学、供与需三层关系中的核心矛盾问题，突破产教融合“最后一公里”，达到多方共赢的目标。产业学院最终实现目标为：

①成为企业的人才培训学习基地；

②成为企业人力资源储备调节基地；

③成为企业应用技术研发基地；

④成为企业人才战略梯队建设孵化输出基地；

⑤成为高校产业研究基地；

⑥成为高校技能人才实训实习就业基地；

⑦成为高校创业孵化基地；

⑧成为高校双师型教师培育基地。

产业学院人才培养理念：所有产业学院或企业学院的目的，一是凝练专业，建设“高原”“高峰”；二是精准对接产业、服务产业，在服务中体现专业特色；三是工作平台，是深化产教融合、校企合作的具体措施和落脚点。产业学院将坚持“紧靠行业，服务企业；产教协同，研创合一；开放包容，特色发展”的办学理念，以“和合尚善、自强不息”的大学精神为引领，以“爱劳动、有涵养、懂技术、强技能、会创业、乐奉献”为规格目标，培养具有东方特质的“五心”金蓝领人才。即“具有家国情怀的赤子之心”“和合尚善的善良之心”“精益求精工匠之心”“虚怀若谷包容之心”“自强不息的进取之心”。

产业学院教学管理理念：从供应链管理视角出发，采用全生命周期管理模式，为企业提供“一站式”“菜单化”人才服务解决方案，整体解决企业“选人、育人、留人、用人”等人力资源队伍建设问题，最大限度地提高企业人才需求满意度。

2）产业学院组织架构。为了更好地对接温州地方产业发展需求，面向高端装备制造、汽车电子、电子信息、智能电器、智能物流、激光电子、现代服务等主导产业建设特色产业学院，形成高效的三层管理架构，即指导机构为校地合作指导委员会，管理机构为浙南产业协同发展创新中心，执行服务机构为产业学院（企业学院）等，以产业学院（企业学院）为平台开展深度产教融合，为企业量身定制技能型人才。

3）产业学院实施与运行。

①学院构成。第一，产业学院构成一般从产业学院名称设计、产业学院规模设计、产业背景设计及专业组成和成员构成等方面进行设计。产业学院常见的有汽车产业学院、机电产业学院、智能电器产业学院等，其名字设计主要结合当地的产业特点和所在单位的专业进行设计。第二，产业学院的规模不易过大或过小，一般在200~500人，人数偏少，较难与多家大型企业合作，形成多专业的供需关系和有机融合合作关系。第三，要想建立有效的产业学院，必须充分考虑到产业背景，只有具有良好的产业背景，才有可能开展后续的工作，否则一切都是纸上谈兵。第四，在组建产业学院的时候，要充分考虑到产业专业构成的专业或专业群，尽可能在较大程度上与产业学院名称紧密结合，当然在实际运行的过程中，很多时候可能是跨专业或专业群的人才搭配，在温州地区，常见的搭配是以产业技术岗位人才需求为主体，兼顾管理、销售、物流、外贸、会计等现代服务类专业，“一站式”解决企业需求。毕竟企业在招聘的时候，往往需求是多样性的。第五，团队成员的构成，一般以产业链为纽带，以产业链中有协作关系的知名企业、骨干企业为主体。

②岗位职责。为了有序推进工作，并且职责到人，制定明确的岗位职责或工作职责是必须的。主要包括企业职责、学校职责、协会职责等。在职责的制定中应尽可能地量化，包括具体的岗位要求、相关的待遇以及出现问题的处理流程等。

③产业学院管理模式。为了保障产业学院能正常高效运行，一般由政府、学校、企业和行业共同合作，或某单位牵头，制定基础性管理文件。下面以作者所在单位为例，四方共同完成了以下多项文件，以保证产业学院模式下的学徒制有效运行。产业学院采用理事会制度进行管理，制定《产业学院理事会章程》，明确参与方的权责利，采用理事会领导下的院长负责制；制定《产业学院财务及资产管理制度》，保障产业学院的财务制度严谨规范，明确资产归属及使用等；制定《产业学院绩效考核与激励制度》，以目标考核为导向，推进产业学院的建设；制定《产业学院的日常运行工作制定》，确保日常工作有序高效开展。

④构建符合产业学院“2+1”学徒制模式的人才培养方案。“2+1”的现代学徒制人才培养方案制定如下：

培养理念。将“爱劳动、有涵养、懂技术、强技能、会创业、乐奉献”

作为人才培养基本指导思想，贯穿于整个培养周期。产教融合联合培养体现在校企双方将人才培养目标与产业需要和岗位需要对接，建立以学生为中心，以工作过程为导向，着眼于提高学生的职业技能和职业素养的人才共育机制。将专业建设与产业群和岗位群对接，校企合作共同开发任务驱动的项目化课程，最终实现高技术技能人才培养。

课程体系。通过岗位群分析，获得人才培养目标规格，再对原来的专业核心课程进行改革，形成工作过程导向的项目化课程，以及对应岗位需要的专业基础、核心课程和素质通识课程。基于产业集群和工作过程导向的课程改革是产教融合的深化，也是产教融合的核心，可从根本上解决高职院校人才培养质量问题。

学习时间。2 年时间在校完成基本素质、基本技能的培养，1 年时间在企业完成“企业专业培训”“基层顶岗实习”“岗位研习实践”“毕业作品设计”。整个人才培养方案设计应与企业的生产周期特点紧密结合，达到互利、协作、高效目标。

其人才培养模式如下：产业学院人才培养模式主要采用现代学徒制的形式，通过学生“自主选择企业”“自主选择岗位”“自主选择导师”，从大二就开始明确学校指导老师和企业指导老师，实行双导师制。根据不同专业，选择合适的人才培养路径，具体见表 3-8。

表 3-8　人才培养路径

	时间	双导师	路径	备注
现代学徒制	2 年在学院学习，1 年在产业学院学习	校企双方各 1 位导师	就业为导向	1 年在企业
			管培生为导向	1 年在企业
			顶岗实习为导向	0.5 年+0.5 年
			工学交替为导向	1 年累计在企业
			自主或创业为导向	1 年在企业

教学管理形式是产业学院采用“特色学分银行”的教学管理模式，充分体现学生的自主性和灵活性，采用现代化信息管理手段进行管理。

（二）现代学徒制模式下的校企共建实训基地辨析

1. 现代学徒制重要性认识

为了更好地推动国内现代职业教育改革，党的十八届三中全会和全国职业教育工作会议提出了深化产教融合、校企合作，进一步完善校企合作育人机制，创新技术技能人才培养模式等。《国务院关于加快发展现代职业教育的决定》（国发〔2014〕19号）中明确提出关于开展现代学徒制试点工作。

伴随着国家层面推行现代学徒制的文件出台，地方上也先后出台了与之相配套的方案和细则，诸多条件较好的高等职业技术学院陆续进行现代学徒制的试点工作，有些学校在试点的过程中取得了许多可喜的成绩，但是也有不少院校在开展的过程中存在很多的问题，项目组通过走访和调研等方式，在一定程度上进行了综合和归纳，其中很重要的一个方面就是校外实训基地的选择和共建问题。事实上，校外实训基地的选择和共建也是现代学徒制推行和实施的一个非常重要的环节，甚至决定了学徒制改革的成败。

2. 教育型企业概念理解与培育

（1）教育型企业概念理解。2019年4月教育部出台了《建设产教融合型企业实施办法（试行）》，在实施方案的第一条明确提出：为深入贯彻党的十九大和全国教育大会精神，完善职业教育和培训体系，深化产教融合、校企合作，充分发挥企业在技术技能人才培养和人力资源开发中的重要主体作用，根据《加快推进教育现代化实施方案（2018—2022年）》《国家职业教育改革实施方案》要求，制定本办法。

项目组在对方案充分理解后，认为：要想较好地推行和实施现代学徒制，必须选择教育型企业进行联合和共建校外实训基地，在此基础上才有可能较大规模地完成现代学徒制的实施和改革等一系列教学和管理。

那么，什么是教育型企业。根据大型资源库的检索可以看出，教育型企业的名称不是完全统一的，有些地方称为产教融合性企业，有些地方称为教育型企业，但其内涵基本一致。2019年4月国家发改委、教育部印发《建设产教融合型企业实施办法（试行）》，该试行方案中给出了明确的规定，主要集中在：

1）产教融合型企业是指深度参与产教融合、校企合作，在职业院校、高等学校办学和深化改革中发挥重要主体作用，行为规范、成效显著，创造较大社会价值，对提升技术技能人才培养质量，增强吸引力和竞争力，具有较强带动引领示范效应的企业。建设产教融合型企业，按照政府引导、企业自愿、平等择优、先建后认、动态实施的基本原则开展。

2）教育型企业评价指标。在方案中给出了部分技术指标，主要包括：

①独立举办或作为重要举办者参与举办职业院校或高等学校；或者通过企业大学等形式，面向社会开展技术技能培训服务；或者参与组建行业性或区域性产教融合（职业教育）集团。

②承担现代学徒制和企业新型学徒制试点任务；或者近3年内接收职业院校或高等学校学生（含军队院校专业技术学员）开展每年3个月以上实习实训累计达60人以上。

③承担实施1+X证书（学历证书+职业技能等级证书）制度试点任务。与有关职业院校或高等学校开展有实质内容、具体项目的校企合作，通过订单班等形式共建3个以上学科专业点。

④以校企合作等方式共建产教融合实训基地，或者捐赠职业院校教学设施设备等，近3年内累计投入100万元以上。

⑤近3年内取得与合作职业院校共享的知识产权证明（发明专利、实用新型专利、软件著作权等）。

3）教育型企业选择。认真学习了教育部出台的方案以及相关地方的有关文件要求后，可以清楚地获悉并不是所有的企业都适合高职院校建设校外实训基地，推行现代学徒制。

根据出台的文件要求，相关企业首先应该具备一定的规模和场所，能够在一定时间内提供有效的学习环境、实训设备等，实现共同育人教学；其次相关企业应热衷于教育事业，愿意拿出部分资源、设备等积极参与高职院校的校企共建、共同育人的各个环节，且不仅仅局限于招聘几个“廉价”学生，临时顶替人手不足等现状；最后企业应具有一定的创新行为。

因此，通过对方案的学习可知，要想有效地推行现代学徒制，必须对相应的企业进行很好的筛选、考核评价等，才能挑选出适合推行现代学徒制校外实训基地的企业。当然也只有合适的企业才能为后续的合作提供可能。

（2）教育型企业的培育。一些企业在发展的过程中，或多或少地参与高校的一些活动，但是全部满足以上的要求，很多的企业还是达不到的，因此教育型企业的培养也是非常关键的。一方面教育部门出台了相关选拔方案，明确了教育型企业建设培育的基本条件、建设实施程序及支持管理措施；另一方面很多地方政府为了更好地推动产教融合、校企合作，也出台了相应的管理制度、选拔奖励考核制度等。

通过百度等软件搜索，发现不少地方政府先后组织评审和建设教育型企业的典型案例。

1）2017年9月21日，浙江在线报道：嘉兴试水推行“教育型企业”认定与管理机制，首批有7家优质企业入选。

2）2018年12月7日，桐乡智慧教育报道：关于公示入选2018年桐乡市教育型企业的公告。

类似的新闻还有很多，这里不一一列举。通过以上案例可知，企业与高校合作，在实现高质量的产教融合、校企合作、共建校企实训基地等方面还有很多长的路要走，一方面需要企业有高度战略性的眼光；另一方面也需要提供高质量的人才，以及更多服务能力强的师资，只有资源共享、互利互惠，合作是公平的，合作才有可能走得更远，成效才会更加明显。

3. 校外实训基地建设

在明确了校企合作单位后，很多工作可以有效开展，包括师资共享、课程共建、教材建设、学徒制模式的顶岗实习以及科技项目合作等。下面主要探讨师资共享、课程共建及学徒制模式的顶岗实习。

（1）师资共享。师资共享是校企共建实训基地的一项重要环节，一方面企业可以提供优秀的技术指导老师参与专业课程讲授，另一方面学校的部分双师型老师可以参与企业的培养等环节，也可以为年轻老师提供挂职的锻炼机会。因此，良好的校外实训基地应该具有良好的师资共享环境。

（2）课程共建。课程建设是专业建设的核心环节之一，课程建设的内容比较多，模式差异也很大，但是万变不离其宗，就是通过校外实训基地的优良环节、优良配置等，为现代学徒制的学生提供良好的实训资源。课程建设要根据企业岗位用人标准和国家职业资格标准，结合课程改革要求，校企共同开发课程、编写教材，将职业资格标准和行业技术规范纳入课程体系，将相应的职业资格证书课程纳入教学计划，突出课程的职业性和应用性。

校企共建融实践教学、技能训练与鉴定考核、职业资格认证与职业素质培养等功能于一体的校内外实践基地和紧密型实验实训实习基地。建立院校、企业、行业和相关部门联合开发专业课程标准机制，加快实现职业院校课程标准与职业标准对接。

（3）学徒制模式顶岗实习。应加强现代学徒制管理制度体系的建设，按照校企职责共担的要求，建立健全学分制管理、弹性学制管理及学徒管理、“双导师”管理、教育教学管理的相关制度。强化过程管理，建立校企共同实施管理、共同检查、反馈等形式的教学运行与质量监控机制及交流机制，及时诊断并改进教育教学。

改革评价模式，建立由院校、企业及专家、教师、学生和家长等多方参与的考核评价机制，共同组织考核评价。

同时，校企共建“企业文化与校园文化”，提升学徒的职业道德水平和对企业的归宿感，营造良好的文化氛围。

总之，现代学徒制是许多高等职业技术学院积极推行的一种新型教学改革模式，现代学徒制的推行有利于促进行业、企业参与职业教育人才培养的全过程，更好地实现专业设置与产业需求对接，课程内容与职业标准对接，教学过程与生产过程对接。在诸多因素中，校外实训基地建设是最为重要的一个环节，因此必须筛选、培育更多教育型企业，提升现代学徒制改革的成功率和成效。最后，希望更多的职业学校能够尽量创造条件开展现代学徒制改革，为社会培养更多、更有用的技能型人才。

（三）现代学徒制实施与问题处理

现代学徒制的实施和管理是整个教学改革的关键环节，也是教学质量管理和控制的关键环节，影响因素比较多，因此存在的问题也比较多，这个时候就需要机制的保证和管理的保证。

1. 现代学徒制实施

高职现代学徒制的实施过程一般包括以下几个主要流程：制定适合推行现代学徒制的人才培养方案和制度建设—寻找现代学徒制合作企业—组织筛选意向学生—签订现代学徒制协议—组织学徒制模式的顶岗实习—日常过程管理—学徒制考核、评价及总结等。不同学校的做法存在一定的差异。

（1）制定适合推行现代学徒制的人才培养方案和制度建设。

1）制定适合推行现代学徒制的人才培养方案。人才培养方案是高等职业技术学院人才培养的纲领性文件，从学生第一天走进校门，就确定了他们接下来三年的学习内容和实习。因此，在设置专业和招生前，专业教研室必须严格根据学校的要求和人才培养定位等系列要求，完成课程设置以及其他若干重要信息的设计工作，而且一旦人才培养方案确定以后，原则上不能随意变更，并需要向社会公开，接受社会的监督。校外学徒制顶岗实习是专业实践教学的重要组成部门，是学生一门必修课程，若无特殊情况，原则上学生在实习单位的实习时间根据专业人才培养方案确定，顶岗实习一般为6个月，不得免修（顶岗实习包含校内的生产性实训）。学校支持鼓励与实习单位合作探索工学交替、多学期、分段式等多种形式的实践性教学改革。

首先，人才培养方案在设计的过程中，必须结合现代学徒制的推行计划，为顶岗实习进行量身定做，做到有计划、有步骤。其次，考虑到人才培养方案的后续执行率，专业教学团队必须做好社会调研和专业论证，适时邀请企业专家一起参与修订人才培养计划，通过深度探讨和高度协商，明确顶岗实习的工作量和时间长度并在人才培养计划中得以明确实施，以避免因顶岗实习带来人才培养方案或教学进程的调整，造成教学秩序的混乱。

2）学徒制相关制度建设。

①建立领导负责制，实行实习工作“一把手”工程。在开展学徒制顶岗实习时，要形成以学生为主体，学校为主导，系部为主管的工作模式，要强化系部领导对顶岗实习的全程跟踪与全权负责。领导小组要制定定期下企随访制度，巡视顶岗实习的各项工作，要时常与指导老师、企业领导与管理人员保持沟通，查找顶岗实习存在的问题和漏洞，为顶岗实习保驾护航。

②要落实和完善制度建设，确保顶岗实习各项工作的开展。学校要把顶岗实习工作摆在突出的位置，要出台各项规章制度和政策，完善配套措施，鼓励和支持顶岗实习工作的开展，出台相关政策解决学生顶岗实习的后顾之忧。

③协助企业建立人才选拔制度，使顶岗实习与定岗就业相结合。学生在顶岗实习期间，企业为了顶岗实习的顺利开展和选用后备力量，必须要有一套学生顶岗实习结束后选拔优秀的学生到合适的岗位正式工作的政策，也就是为顶岗实习的学生确定一个合适的就业岗位。真正地使学生在顶岗实习中下得去，干得住，留得下。

④企业在学生顶岗实习期间要有相应的激励政策和措施。学生在顶岗实习结束后，学校与企业可以举行“优秀实习生”评比表彰活动，根据学生在顶岗实习期间的综合表现给予相应的测评，召开表彰大会，对表现优秀的学生予以表彰，大力宣传实习学生的先进事迹，树立典型榜样形象；同时精神

奖励与物质奖赏要双管齐下，如成立顶岗实习专项奖学金，用于奖励与鼓励在顶岗实习中有突出表现的学生。

（2）寻找现代学徒制合作企业。事实上，要想较好地推行和实施现代学徒制，必须选择教育型企业进行联合，共建校外实训基地，在此基础上才有可能较大规模地完成现代学徒制的实施和改革等一系列教学和管理工作。

筛选的标准应参考教育部提出的方案要求，要从企业的体制、规模场地、制度、文化、行业等一系列条件出发。

事实上，很多的企业都是不满足文件规定要求的，究其原因一方面很多的企业不了解什么是教育型企业，另一方面教育型企业的条款要求还是很高的。我国东南沿海城市的行业企业门类相对齐全，规模型企业数量较多，选择和合作的空间还是比较大的。对于内地的职业院校，由于所在区域的局限，想要较好地实施，还是有比较大的困难。

从高职院校的人才培养定位来看，已经说明了这一点。一般情况下，高等职业技术学院是为本地区培养高级技能型人才，也就是说在申请设定专业起，就应该做好充分的调研，其调研的区域重点集中在本地区，通常是某一个地级市，如果资源不够，可以适当延伸到省。如果在申请设定新专业的时候，行业企业等资源明显不够，则不应该设置相关专业和专业群。比如，之前网络曾报道某内地职业技术学院让专业不相符的学生到富士康公司跨专业实习，后来遭到投诉等事件。

（3）学生筛选、分配、招聘、签订协议等。

1）学徒制实施前应做好充分的动员、沟通和指导工作。为了后续稳步推进现代学徒制，必须制定良好的工作方案，适时开展学徒制的动员工作。开展实习前的思想教育，调整学生心理期望值，提高他们的心理承受能力与抗压能力。学校在开展顶岗实习前必须要召开顶岗实习动员大会，营造良好的氛围，同时还要召开主题班会，重点要强调实习中的各项制度与纪律，帮助学生树立爱岗敬业和吃苦耐劳的精神，并且让学生早做心理准备，要有打苦战、打硬战的决心。同时还要将典型教育和个别谈话相结合，用大量成功的顶岗实习例子教育学生，鼓励学生以他们为榜样，对于个别思想不积极的学生要单独谈话，早打预防针。

建立以系书记、辅导员、班主任、心理咨询教师为主的思政人员值班制度。在学生顶岗实习期间，思政人员要参加指导工作。要主动到车间与学生进行交流，了解学生的思想动态，及时发现和解决学生在实习过程中的问题，有针对性地开展服务与辅导工作，减轻学生的心理压力和情绪波动，同时也要帮助学生解决在实际工作中出现的困难。

建立顶岗实习师生网络交流内部平台。由于学生在顶岗实习期间受时间、空间的限制，不能随时随地与思政老师进行交流与沟通。学校应该充分利用网络为他们建立一个高效的在线思想教育大环境，可以通过QQ群、微信、钉钉等网络资源与学生进行交流，关心、关爱自己的学生，让他们时刻体会到学校和老师对他们的关怀与关注。

2）意愿分流。在开展现代学徒制前，必须结合同学们的意愿，实现分流管理。以作者所在学校为例，学校设置在东南沿海城市，学生基本以省内生源为主，在对学生家庭状况调研后发现，至少1/4以上的同学家境非常优越，不少同学有家族性企业，这部分同学毕业后大部分将去这些企业工作。根据调研的信息这部分同学不愿意到学校组织的企业完成顶岗学习，尽管学徒制实习是作为人才培养方案的一个教学环节，但在具体实施的过程中也应该充分考虑实施的现状，结合学生的具体学情做好分流管理工作。在分流部分同学后，对其他同学进行后续安排和具体落实工作。对于分流的部分同学也必须根据学校的管理制度，按照自我实习的模式进行操作，完成各类程序和协议。

3）优选企业，提供足够多的实习岗位。首先，优选企业，提供足够多的实习岗位是开展学徒制的前提，没有足够多的合适岗位，后续工作无法开展。另外对企业的筛选也是必须的，不是所有提供岗位的企业都可以开展。学校应该建立企业黑名单，对于那些有明显瑕疵，甚至严重违背劳动法的一些企业，必须采取零容忍态度。其次，组织大型的招聘活动或者请企业进课堂宣讲，这个环节要求学生足够重视，准备好各类招聘活动中需要的资料，包括简历、作品等。

4）现代学徒制协议的签订。下面以某职业技术学院管理现代学徒制的协议为例，作为参考。一般的学徒制协议中，要重点明确实习周期、工作时间、定岗还是轮岗、薪酬、后勤食宿、安全保障以及其他重要信息，详见附录1。

（4）顶岗实施与管理。顶岗实习的具体管理工作往往因单位的制度不同而存在一定的差异。下面以作者所在的单位为例，简单阐述所在单位具体的实施过程。

1）学徒制课时要求及企业和岗位要求等。学徒制校外顶岗实习是专业实践教学的重要组成部门，是学生的一门必修课程，若无特殊情况，原则上学生在实习单位的实习时间应根据专业人才培养方案确定，顶岗实习一般为6个月，不得免修（顶岗实习包含校内的生产性实训）。但是根据专业特点或具体实施情况可以考虑工学交替、多学期、分段式等多种形式的实践性教学改革。

顶岗实习单位优先考虑学校现有的校企合作协议单位或者由指导老师找到实习岗位对口的企事业单位，工作岗位尽可能是与本专业有关的生产、管理、服务一线专业技术岗位。具体实施学徒制的二级学院（或系部）指定实习联系人（原则上是专业指导教师），二级学院（系部）和专业教研室就学生实习单位情况、实习安全、工作岗位、内容、工作环境、时间、食宿安排等相关事宜进行实地考察并以协议形式落实工作，与企业签订顶岗实习协议并在产学合作处（学校专门管理产学合作的组织结构）备案。学生若自己能找到专业对口的顶岗实习单位，可以填写申请表，经过二级学院批准，报教务科研处、产学合作处备案，亦可视为顶岗实习。未经批准和相关职能部门备案一律不予承认。

2）根据人才培养方案，申请实施。根据人才培养方案的规定，顶岗实习作为教学计划的一门实践性教学课程，应该明确规定学习的时间、与专业相关的岗位内容及相应的要求和措施等，并根据学校的规定向相关职能部门申请顶岗实习计划，落实顶岗实习指导老师值班安排，并做好过程监管工作。在保证顶岗实习质量的同时，必须保证学生安全，执行值班制度，做好顶岗实习指导老师值班考勤记录。其中，实习人数规模较大、工作具有一定的危险性、相对集中的单位，要求指导老师24小时值班，其他情况每周巡查一次。

3）开展现代学徒制前完成学生动员和制度学习。大规模地组织学生开展现代学徒制，必须事先做好学生动员工作，另外做好岗前教育和安全教育。以学院、专业、班级等多种方式全方位组织学习规章制度等，尤其是进行安全防范意识的教育工作；并安排实习相关事宜，每个实习学生配备专业实习指导老师，按照实习要求落实实习任务。实习期间二级学院要定期抽查实习情况，时时掌控实习动态。

在开展校外学徒制实习前，必须加强思想教育，提高认识。为了更好地推行和落实现代学徒制模式下的顶岗实习等系列教学活动，必须充分认识到在顶岗实习过程中的三大主体——企业、学校、学生之间的关系、出发点及利益目标等系列要素。通过多年的学徒制改革和实施可知，他们三方对顶岗实习的认识、要求、任务在某些方面并不一定完全一致，甚至有的时候差异很大。因此，有效地协调三方利益，在国家的指导方针下进行糅合、调节是顶岗实习面临的最大问题。这个时候必须统一思想、提高认识，只有这样，才有可能把这个工作开展下去，否则很容易半途而废。顶岗实习可为企业输送大量的高素质人才，有助于提升企业内涵，树立良好的企业形象；顶岗实习既可为学校拓宽办学资源，又可以强化师资队伍建设；顶岗实习可以强化学生的动手和动脑能力，有效为学生提供潜在的就业职位，从而实现企业、学校、学生三赢的局面。但三方必须保持清醒的认识，三赢局面要保持平衡，无论突出哪方赢面，都会挫伤其他两方的积极性，最后结果都是输，只有三方共赢的情况下，顶岗实习才能长期有效地开展下去。

4）加强实习过程督查和数据管理。组织相关行政职能部门加强实习过程督查和数据采集是整个学徒制实施过程中的另一个重要环节。一方面，通过督导，可以全面了解学生在企业的学习情况，包括指导老师的具体管理工作，同学们的实习岗位和实习内容情况；另一方面可以了解学生的学情和思想动态等。督查内容是全方位的，一般涉及学生在岗和出勤情况、顶岗工作内容、劳保措施、顶岗实习劳务费的发放。在巡视和督查的过程中，可以采用到生产车间现场督查、召开学生座谈会、召开校企交流会等方式开展。

5）完成评定和考核。实习结束后，实习单位应根据学生实习表现做出评定，指导教师应根据学生的单位鉴定、单位指导教师评价、顶岗实习手册等相关材料最终评定实习成绩。所有学生上交相关实习材料在二级学院存档，评定实习成绩上报教务科研处备案。在实施的过程中可能涉及的相关数据有顶岗实习协议书、顶岗实习指导教师值班考勤记录表、学生顶岗实习值班记录、学生顶岗实习手册、接收单位顶岗实习回执等。

6）可持续发展和不断改进。

①加强数据采集和统计。一方面应加强各类资料的收集，完成校外学徒制顶岗实习的收尾工作；另一方面可以通过对每年的学徒制的实习数据进行统计分析，有效了解哪些企业可以重点培育和合作，以及不同专业的实习对口率、不同专业重点就业岗位等若干重要数据，以便指导后续的人才培养方

案修订等工作。

②完成和改进。在校外现代学徒制顶岗实习完成后，实施单位必须召开由企业代表、学生代表和指导老师及行政主管单位等参加的交流总结大会，一方面表彰实习过程中的优秀学生及企业；另一方面认真分析查找顶岗实习过程中存在的问题，总结取得的成绩和经验，争取在后续再次实施的过程中做得更好。

2. 顶岗实习中常见问题及分析

基于学校、企业和学生三方的出发点、利益点等多种因素，在顶岗实习的过程中经常会出现这样那样的问题，只要不是原则性的问题通常是可以协调和协商的。

国内高职院校，在完成基本专业知识和常规素养教育后，一般都会或多或少地组织学生参与顶岗实习或者学徒制实习等相关教学环节。目前各大高校都非常重视“校企合作，工学结合”的人才培养模式，顶岗实习各项工作取得了长足的进步和可喜的成绩，但在实施的过程中也存在很多问题，下面结合在实际操作过程中存在的问题分析顶岗实习工作存在的问题。比如，从学校角度出发更多的是为了提高学生更早地了解企业的生产经营和管理等相关知识。而一般的企业总体上是比较欢迎同学们去实习和就业的，尤其是处于用工荒的季节。对于实习的主体学生方，往往出现的问题相对较多，原因也很多，比如生源地问题、工作的心理准备问题、学生的家庭环境问题、学生的就业心理目标等系列问题。

（1）妥善处理三方对顶岗实习的认识和利益表达差异。为了更好地推行和落实现代学徒制模式下的顶岗实习等系列教学活动，必须充分认识到在顶岗实习过程中的三大主体——企业、学校、学生之间的关系，出发点及利益目标。事实上，他们三方对顶岗实习的认识、要求、任务在某些方面并不一定完全一致，甚至有的时候差异很大。因此，有效地协调三方利益在国家的指导方针下进行糅合、调节是顶岗实习面临的最大问题。

1）企业方利益表达。企业之所以愿意与职业技术学院合作，积极开展和推进学徒制顶岗实习以及配合学校完成期间的教学活动，主要是基于企业对人才的需求，一般情况下体现在以下几个方面：

首先，积极推行顶岗实习或者参与现代学徒制的企业往往是部分“招工难”或者需求大的企业，因此时间较长的学徒制实习学生可以在某种程度上解决企业部分岗位人员的短缺，给企业带去直接经济效益。

其次，很多顶岗实习的企业把实习的学生作为人才引进的柔性方式之一，通过大学生的顶岗实习，把一些具有各种潜力的高校学生引流到企业内部，作为储备的员工进行培养和发展，通过一定时间的实习完成员工的筛选。

再次，在校企合作和互动的过程中，可以充分地利用学校的资源为企业发展提供便利。比如，企业可以借助学校的场地、设备和师资为企业开展各种职业培训活动等，部分企业甚至通过校企合作的过程，加强与高校完成深度合作，包括师资共享、教学互动开发、科研和项目开发等。

最后，在校企合作的过程中，企业通过宣传和实战，可以提升企业品牌在高校和专业学生中影响力，树立企业形象，起到广告宣传的作用。正是因为以上诸多利益因素，驱使很多企业愿意参与学徒制改革和高校顶岗实习的系列活动。

当然，在校企合作的过程中，如果控制和管理不完善，也可能为企业带来麻烦和很多负面的效应。因此，推行现代学徒制和组织大规模的顶岗实习等活动是把双刃剑。

2）学校方利益表达。首先，学校是整个现代学徒制过程的重要生源提供方，根据人才培养方案的要求，职业学校学生毕业前一般必须完成6~12个月的顶岗实习环节。考虑到学校的教学资源等多种因素，通过顶岗实习，充分借助社会力量和校外行业、企业资源实现培养各类高端技能型人才的目标，其效果和路径最佳。其次，学校通过校企合作模式为学生提供实习场所和大量的实习机会，能够有效地保证学生在实习过程中完成理论与实践相结合。再次，学校通过顶岗实习可为教师积累挂职锻炼等机会，在完成学生顶岗实习的基础上，让专业教师更加了解企业的需求和岗位的要求等。最后，在校企合作的过程中，专业教师在与相关的行业、企业多次交流的基础上，可以获取更多的企业需求信息，可以争取到更多的教科研合作机会，有利于扩大学校的社会影响。

3）学生方利益表达。学生是整个学徒制顶岗实习的主体，理论上讲也应该是整个实习环节的最大受益者。学生通过前面2年的校内理论学习，具有了一定的专业理论基础，再通过6~12个月顶岗实习，有效地结合岗位要求，可以把知识转化为技能，完成理论与实践相结合的过程；学生通过顶岗实习，可以加强对未来职业规划的理解，同时自己能够有机会接受现代企业管理和企业文化的熏陶和洗礼，有助于他们了解就业形势和社会置业需求趋向，端正他们的就业心态，树立正确的就业观。

顶岗实习的成果关键取决于企业、学校和学生三方带来不同程度的利益需求，只有建立相对完善的合作机制，有效及时处理三方的矛盾，通过沟通、协调等多种渠道完成项目合作才有可能最后成功。

（2）顶岗实习过程管理难。根据人才培养方案的要求，学生在完成一定的校内理论学习后，必须参加企业的顶岗实习，因此参加顶岗实习的学生具有双重身份，他们既是在校的大学生，同时又是企业的准员工。在管理上，一旦存在双重管理的时候，矛盾和问题往往会随之出现，因此妥善处理和有效定位学生的管理显得尤为重要。

在实习的初期，学校的指导老师必须有效地介入企业的管理，加强引导和过渡，在实习的中后期，学校重点在监督，而学生经过数月的过渡，基本上已经习惯了企业的相关管理制度和考核要求。另外在实施过程中，指导老师的及时沟通和协调也是非常重要的。

（四）部分学徒制实施记录表格

学徒制是目前高职教学改革的一个重要方向，对于学徒制的研究资料也相对较多，但是归根到底，还是要将学徒制的改革落实到具体的实施过程中，让参与学徒制改革的三方都能够根据预定的要求完成任务。在实施的过程中，有效地完成过程记录，最终实现高质量的考核是整个过程中的一个关键任务。为了更好地了解学徒制的实施过程，下面结合作者所在单位的实施情况，进行简单的引用和资源共享，供同行们交流。相关附件包括附录1~附录5等。

二、校企共建企业课堂——以印刷包装专业为例

随着高等职业教育改革的不断深入，校企共建实训基地、共同协作培养高级技能人才是职业教育发展的一大趋势。因此，不少高职学院与行业、企业共建实训基地，开展企业课堂教学，共同完成技术技能型人才开发。

（一）行业背景与专业定位

当今社会，随着人们生活水平的不断提高，消费者除了对商品本身质量

有要求外，对商品的包装也更为关注，这一现象既为包装印刷技术提出了更高的要求，同时也为包装印刷行业提供了更广阔的发展空间。前瞻产业研究院发布的《2018—2023 年中国印刷业市场前瞻与投资战略规划分析报告》数据显示，2017 年，印刷和记录媒介复制企业有 5693 家，比 2016 年多 223 家；同时，我国印刷行业规模以上企业实现主营业务收入突破 8000 亿元，为 8090 亿元。我国印刷业的宏伟目标是：力争到 2020 年实现印刷业从印刷大国向印刷强国的转化。在跨入 21 世纪的今日，印刷业已成为国家重要行业之一。虽然我国印刷行业发展前途远大，但与世界发达国家和地区相比还有一定差距，主要表现在产品的科技含量不高、附加值低、新产品开发步子不大，新技术、新工艺和新材料的推广及应用能力弱，技术人员的知识结构还不适应高科技发展的需要，科学研究机构相当薄弱，高等院校对印刷专业人才的培养还不能适应市场化的需求。

印刷专业人才培养能力（如图 3-11 所示）是适应社会主义现代化建设需要，具有德、智、体、美全面发展，具有彩色印刷复制技术基本知识和基本技能，从事彩色印刷复制工程的工艺设计、印品质量检测与控制、印刷管理与开发的高素质技能型人才。印刷专业是以培养彩色印刷图文复制技术的高素质技能型人才为目标，突出包装印刷特色；以职业岗位要求与专业教学有机结合的培养途径和方式，才能培养出受社会欢迎与认可的高质量人才。

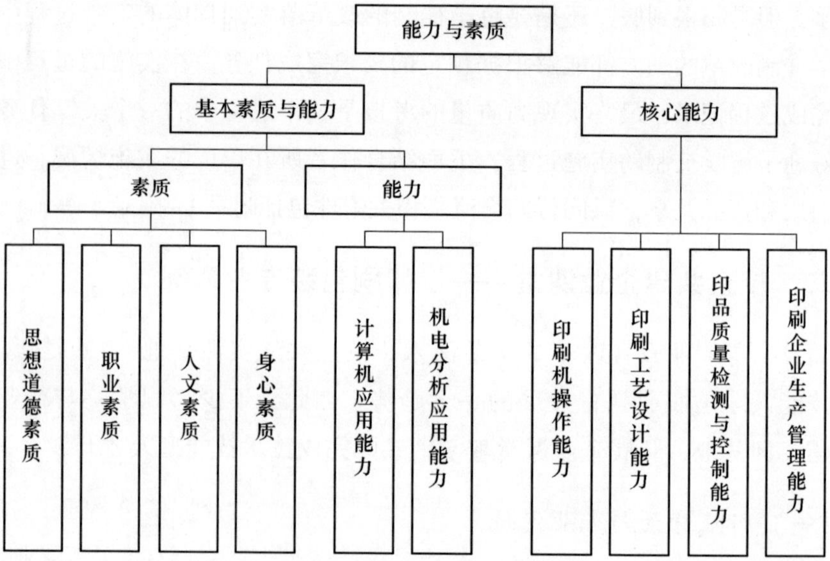

图 3-11 印刷专业人才培养能力

（二）运用“工学结合、校企合作型”人才培养模式，促进印刷专业人才培养模式的创新

印刷教育强调理论与实践并进，我国应该借鉴国外经验，强调学校与企业共同教育学生的教学模式。给学生更多的时间和机会接触实际生产，发展他们的特长，开拓他们感兴趣的领域；让企业参与学生的培养，应根据行业发展的脉搏、技术发展的需求培养人才，从而减少学生就业的不对口、减少学生所学习的专业技术与实际生产脱节的现象，更好地将理论知识转化为实践。

为了适应印刷行业对人才提出的要求，输送培养更多的急需人才，全力打造印刷专业品牌，为企业培养印刷技术人才做出更多的努力，就需要利用较强的教学技术实力，较先进的实验、实训条件，培养既具有较强的专业理论知识，又能达到工作后就有能力参与实际操作的学生。学生在学校和企业两地接受职业培训，有机会在生产过程中将自己在学校学到的理论知识应用到实践中，学生在专业理论学习中出现的问题，可以通过实践加以理解、消化和巩固吸收，而且具有较强的实践动手能力，真正做到理论与实践有机结合。那样才能培养出符合企业需求的“知识型、技能型”人才。因此，大力开展校企合作，实行教学、科研、生产三结合，建设一流的印刷实训基地，是高职院校实现高技能人才培养的重要条件与根本保证。

（三）构建创新型校企合作共建实训基地的互动机制

以往“教学结合型”合作模式的主要内容是课堂理论教学与企业生产和科研内容相结合，学校教学与到企业实习、实践相配合，属于从微观层面上把生产、科研和教学相结合的模式。这种模式基本上是以院校为主、企业为辅，在企业内的实习、实践只是对学校教育教学工作的一些补充和强化。而建立学校实训基地互动机制是对这种合作形式的进一步提升，主要着眼点在为就业而培养人才，做到企业岗位需要与实习内容相融合，是双方在互惠互利基础上的深度合作。学校主动根据企业的用人标准进行教育教学改革，同时主动参与企业的技术革新和新产品开发，把提高企业的经济效益作为产学研合作的重要目标；同时，企业主动参与学校的教育教学，特别是就业过程，并向学校提供资金、技术、设备、人员的支持，提供学生进行专业实习的条

件，有条件地吸纳引进高级知识人才，把承担企业对发展学校教育和就业的义务作为促进企业发展的战略性任务。通过这种互动合作机制，扩展学校的教育资源和企业人才战略资源，达到教育资源和企业资源的优化整合，形成共享的态势。

1. 建立实训基地的实施方式

要想建立良好的实训基地，一般需要通过调研与实地考察，确定某一知名印刷企业及大设备公司作为合作共建印刷实训基地的合作伙伴。所选对象必须是热心教育事业和人才培养，企业与公司技术先进、设备精良、管理规范、效益明显并有较大的发展前途；然后签订合作共建印刷实训基地协议书，明确双方的义务和责任，制定合作办学、技术服务、技术培训及科研成果转化等实施细则，并开展工作，可面向社会服务。

2. 实训基地的运行模式

校企合作共建实训基地的形式可以分为校内和校外两种方式。一方面，校内的需要进一步完善实训设施，可通过引进国外某一印刷设备大公司（如德国：曼罗兰、海德堡、高宝；日本：三菱、小森、樱井等），在校内实训基地免费提供国外进口样机，合作建立培训中心、办机长培训班、建展示厅等方式改善实训条件，同时面向市场需求，增加有针对性的实训项目。可以承接校内印刷业务（宣传册、画册、招贴画、包装品、作业本等）及校外的一些业务（以委托加工形式），通过真刀真枪的印刷业务进行生产性实训，从业务接洽、原辅材料的选购、印前图像处理与制版、印刷机操作、印后加工工艺等方面使学生受到全面的锻炼，加强学生技能训练。另一方面，依托校外企业的资源优势，利用现有条件进行周期更长的学生生产实际训练。质量监控由学校企业共同监督实施，按照实践课教学计划的要求和考核标准，在与企业签订实习协议时明确提出对学生技能培养的质量要求，学院有权利对企业进行监督。采取学生、企业、专业教研室共同参与的评价体系，即要求学生按照《实习指导手册》的规定，认真填写实习周记，总结自己一周的学习效果，由实习指导教师签字，专业教师定期检查，最后企业给出综合性评价，并纳入学生学期考评当中。

3. 校企合作共建实训基地互动机制下的人才培养方案

实训基地建设是学校与企业沟通的重要渠道，校企合作共建实训基地下的人才培养方案具有以“一条主线，四个层面”为主要特征的高技能人才培养特色，即专业培养方案的设计以培养学生技术应用能力为主线，注重学生专业技能的单项训练、专项训练、综合训练、创新能力训练四个层面。

专业培养方案的实施采用工学结合的人才培养模式，其中该专业学生单项训练、专项训练、综合训练、创新能力训练等是通过一系列的实践性活动来实现的，具体安排是：

（1）入学初期通过组织各种类型的专题讲座和到企业参观，培养学生的行业感情和职业道德。通过基础性的色彩认知及认识实习，作为单项实训，加强学生动手能力的培养。

（2）在进行专业课学习的同时，通过丝网印刷工艺实训等专项实训及印前图像处理与制版实训、胶印工艺实训、印后加工工艺实训等印刷综合生产性实训的教学活动，及完成校内各种印刷任务，使学生在真刀真枪的印刷业务中操作印刷机，完成彩色印刷任务，并训练印刷全过程的各种技能。

（3）在教学实习的前半段，在校内实训基地进行真实与仿真相结合的专项训练和多色机模拟操作训练，后半段进入校外实训基地实习，然后再回到学校进行实习总结和理论提升。

（4）在毕业实习阶段，学生全部顶岗计酬工作，期间完成印刷专业技能的综合训练和毕业设计，学生与企业员工享有同等的责任和权利，不同的是整个学期间学生还要接受校企双方的教学监控和考核，定期参加由企业技术人员和学院教师组织的专题讲座，按时完成各种过程作业，还需要在工作中积极地发现问题、解决问题、选择有价值的毕业设计课题。在校企合作的过程中，应遵循教学安排以企业为中心，适时调整教学计划，学生管理都以校方为主的原则，在全力作好学生下厂前的实习动员、自愿填报、专业技能的整理与考核的同时，邀请企业技术人员和管理人员进行专题的讲座，使学生在顶岗前有充分心理准备和知识技能储备，以有利于学生的实训学习，对校企合作的顺利进展也将有非常大的推进作用。

4. 实训教学内容设计

为了高质量地完成教学内容，并有机地将理论知识和基地实训教学资源结合，一般要完成以下几个方面的实训教学内容设计环节。

（1）课程体系设计。课程体系设计是企业课堂最重要的方案，其内容决定了学生在企业课堂的学习内容、学习目标及考核等。在设计企业课堂的课程体系时，一方面要根据时间长短，选择主题设计方案。另一方面要根据企业的设备等软硬件资源进行方案设计，既不能好高骛远，最后达不成目标；也不能过于肤浅，使学生一无所获。

以作者所在单位为例，一般企业课堂是一年，学校希望与企业在一年内完成企业课堂教学内容的学习，通过一年学习使绝大部分学生能够掌握或适应 1~2 个比较重要的岗位。

（2）实训指导书设计。实训指导书或者实训教材的设计在整个实训过程是比较重要的一个环节，当然为了更好地结合基地的软硬件资源，最后由校企合作的模式共同完成实训教材的定位和编写等。在编写实训指导书的过程中，应该在确保理论够用和实用的前提下，更多地将设备的操作、工艺的制定、产品质量的管控，甚至企业的文化和规章制度有机地融合到实训指导书中。这样在企业课堂的实施过程中，一方面可使传统专业的学生学习一定的理论知识，同时可以让学生更好地接触企业的生产设备、了解生产产品的质量要求、工艺的设计与流程等一系列的内容。

（3）授课方式的设计。作为企业课堂，与传统的学校教学方式是有较大差异的，其主要原因就是定位的差异。

在学校教室里主要是理论的讲授，在校内实训场所的教学更多的是仿真式的实践，很难做到生产式的教学，而在企业课堂则不一样。企业课堂一般是由学校有实践经验的教师和企业的技术师傅共同完成教学环节，对课堂的现场操作性和实践性提出更多的要求。因此，一般流程是理论讲解、视频观看或现场见习、现场演示，甚至包括现场学生实操等系列环节。通过此教学流程，学生能够很好地将理论与实际结合，有效地掌握部分实操技能。但是要想有效地完成企业课堂，对企业的课程安排、现场安排及现场协调等都提出了诸多的要求。

在具体教学的过程中，企业需要提供部分实际案例，通过案例的引入、分解等方式，最后通过任务式、项目式等方式完成教学。

考虑学生的操作经验不足，在企业现场实操时，要提供必要的适应环节和允许操作失误的机会，以及因操作不当影响具体生产而带来的可能性。

（4）小班化或订单班作业。要想高质量地完成企业课堂的教学与实践等系列环节，小班化教学模式是最佳的办班方式。事实上，通过查阅国外学徒制办学较好的实施方式，可以知道，他们基本上都是采取小班化作业方式，尤其是工科，比如汽车维修、机床操作等，主要考虑到现场指导的效率和安全性等系列因素。当然可以结合企业课堂的实际情况，采取更加灵活的授课方式，比如理论教学时，可以采取大班方式，设备操作时或生产作业时，选择小班化作业方式。这样既可以充分利用资源，也可以提高效率。

（5）授课教师选配。教师在整个企业课堂教学环节中是最为重要的一个环节，主要是企业课堂不同学校的实训教学和理论授课，对教师的要求相对较高，尤其对教师的实际操作经验要求较高，其次是现场管理能力。因此，可以采取学校和企业共同完成的方式实施。一般理论教学由学校双师型素质教师担任，甚至包括部分案例的讲解。企业的师傅或者车间的技术人员担任现场的实际操作演示及企业的实际生产案例分析等。在生产现场操作演示时，企业师傅负责具体讲解，学校的老师协助其管理和维护现场，以有效降低违章操作，确保教学安全。

5. 实训基地的管理

（1）校内外实训基地都需要建立科学、有效、严格的队伍建设和人员管理制度，有严格的考核办法和奖惩制度，有落实的培训师资计划和实施措施，实训基地人员，特别是实习指导教师要有合理的学历、专业技术职务和专业知识技能结构，以保证实训工作质量的不断提高和实训基地建设的不断加强。

（2）要加强对校外实训基地的指导与管理，建立定期检查指导工作制度，协助企业解决实训基地建设和管理工作中的实际问题，帮助实训基地做好建设、发展、培训的各项工作。

（3）加强顶岗实习的监控与管理，推进“五位一体、双向联动”的工学结合支持服务系统。所谓“五位一体”是指围绕学生的课程学习、技能训练、日常需求、过程管理和适时监控五种职责，将不同的角色连为一体，形成合力，各司其职、各尽其责，在保障学生更好地完成学习任务的同时，又体验到人文关怀和学习的乐趣。“双向联动”是指校、企双方通过各种渠道实现互通互动，与学生形成直接、稳定的关系。

（4）要深化教学改革，与合作企业协商不断开发新的实训项目，更新教学内容，改进教学方法，以保证教学质量与教学水平的不断提高。

（四）小结

实训基地的建设需要准确把握好实训基地建设机制的内涵及功能定位，只有真正实现了院校、企业、社会三方面的互动，才能把校企合作共建实训基地的目标落到实处，才能为企业和院校开展良好的人才流动及科研合作搭建平台，才能对新时期印刷专业人才的培养起到积极作用。

参考文献

[1] 何宏．校企合作共建实训基地的印刷专业人才培养模式探讨［J］．中国出版，2011（6）：23~25.

[2] 徐利谋．借鉴国外考试模式改革高职院校考核方式［J］．职教通讯，2011（12）．

[3] 石波．高职高专考核评价方法改革的现状及设想［J］．考试周刊，2011（4）．

[4] 梅少敏，肖志坚．现代学徒制模式下的考核方式辨析［J］．电脑知识与技术，2015，11（18）：121~122，133.

[5] 高建宁．澳大利亚 TAFE 对我国高职教育的启示［J］．中国成人教育，2002（12）.

[6] 肖志坚．高职印刷技术专业凹印实训教学体系构建与实施研究［J］．中国出版，2010（4）：30~32.

[7] 赵家玲．能力本位的高职院校考核模式改革实践［J］．中国成人教育，2010（2）．

[8] 张建华．基于网络的形成性考核的有效性和时效性分析［J］．开放教育研究，2007（4）．

[9] 范淑红，杨尚真．印刷专业人才知识结构调整的研究［J］．株洲工学院学报，2006，20（6）：10~13.

[10] 梁荣汉，严镇，苏文业．区域资源共享实训基地建设研究——以梧州船舶修造业人才培养为例［J］．南方农机，2019（9）：151，159.

[11] 叶茜茜，肖志坚，叶菲菲．畅谈在校生创办“个性条幅工作室”［J］．中小企业管理与科技（上旬刊），2010，12：159~160.

[12] 张建平，曾小玲．“工匠精神”理念下智能产品开发专业实训基地建设探索［J］．智库时代，2019（18）：272，274.

[13] 李玲玲．基于校企合作人才培养模式的高职实训基地建设的探索［J］. 湖北开放职业学院学报，2019，32（8）：29~31.

[14] 任军君．大国“工匠精神”的历史回归［N］. 中国社会科学报，2016-9-26（006）.

[15] 张兴华．高职院校产学合作协同育人机制建设［J］. 智库时代，2019（40）：276，278.

[16] 汪郑连．现代学徒人才培养模式本土化发展路径［J/OL］. 浙江纺织服装职业技术学院学报，2019（4）：1~5.

[17] 杨虹，唐海尧，钟旭美，等．现代学徒制学生培养和管理过程中的思考与探索——以阳江职业技术学院为例［J］. 教育教学论坛，2019（39）：27~28.

[18] 陈冬冬．“现代学徒制”校企双主体育人实践研究［J］. 才智，2019（27）：173.

[19] 张西流．产教深度融合——培养新型学徒［N］. 中国商报，2019-9-25.

[20] 叶未央，胡新根．大学生创业实践的小微园平台嫁接模式研究——以温州高校大学生创业实践为例［J］. 创新与创业教育，2016，7（4）：62~66.

[21] 叶未央，胡新根，朱家德．大学生小微园创业平台探究——以温州市和温州高校为例［J］. 中国高校科技，2014（9）：82~83.

[22] 李占妮，曹昌勇，邬志军，等．应用型人才培养模式下汽车检测与故障诊断课程教学改革与实践［J］. 智库时代，2019（40）：179，181.

[23] 张英，王笑，郑海亮，等．6S 管理模式在高职实训教学中的运用［J］. 智库时代，2019（40）：213~214.

[24] 王睿．基于工作过程的高职航空电气类专业课程改革——以电机与电气控制实训为例［J］. 南方农机，2019，50（18）：116，119.

[25] 黄海英．基于校企合作下的室内设计专业教学改革路径［J］. 科学大众（科学教育），2019（9）：159.

[26] 陈宝英．以职业技能为导向的电子商务综合实训课程改革［J］. 现代营销（信息版），2019（10）：93~94.

[27] 杨英仓．大数据时代视频侦查技术课程教学改革与创新研究［J］. 河北公安警察职业学院学报，2019，19（3）：69~72.

[28] 马斌．钳工实训课程教学改革探究［J］. 南方农机，2019，50（17）：205.

[29] 王毅之．高职院校实践教学中融合信息技术的思考［J］. 计算机产品与流通，2019（9）：268.

[30] 范桂龄．大数据背景下高职计算机应用专业校企合作课程教学改革探究［J］. 计算机产品与流通，2019（9）：283.

[31] 何仲，康小平，黄槐仁，等. 关于高校实验室建设与管理的思考［J］. 高校实验室科学技术，2019（2）：54~56.

[32] 曲莉娜，赵红梅. “新工科”背景下高职院校实训教学改革探索——以机械专业技能实训为例［J］. 石家庄职业技术学院学报，2019，31（4）：58~61.

第四章　中高职衔接与课程体系设计案例分析

第一节　中高职课程衔接现状与必要性

“3+2”中高职联合办学模式是我国目前比较常见的一种中高职一体化的办学模式，甚至部分地区出现了“2+3”或其他的办学模式，在现行的诸多办学模式中，以“3+2”的办学模式最为常见。在中高职“3+2”办学模式中，学生完成初中学业后进入中职学校，经过3年的学习，大部分通过适当方式考核合格后进入联合办学的高职学校学习2年，累计学习5年，毕业后与三年制普通高职毕业生享有同等的学历，这是一种适应市场经济发展对高级应用型人才的需求而产生的一种高职教育办学模式。近几年，从国内、省内的院校对“3+2”中高职对接模式的实践情况来看，众多高职院校在校企合作、专业对接、课程衔接等方面做出了不少的努力，也取得了一定的成效，但在校校过渡的第五、第六学期的生源流失、管理创新、课程体系衔接等方面还存在着诸多有待改进和提高的地方。由于学生在中职学校的最后期间(主要是第五学期和第六学期)，部分同学选择了直接就业或辍学等，往往导致以班建制的40多人中职生最后到了高职时只有30余人，部分少的甚至低于20人，造成高职无法单独开班。

“3+2”中高职联合办学模式是中职、高职两段式分校办学，由于在教学和管理等方面的衔接力度不够或管理运行不到位等因素，从而导致“3+2”办学模式的生源流失，直接影响正常的办学机制和办学热度。

一、中高职衔接现状

我国中高职衔接与国外相比起步较晚，处于探索阶段。“3+2”中高职教育目前存在教学计划脱节、课程衔接不紧密、专业课程内容重复、在技能训练与实践教学方面重复等问题。中高职教师合作教学研讨和交流互动不够，两者之间的教学实施过程相互独立，彼此之间没有监督，中职院校与高职院校在进行衔接时容易出现问题。高职院校对中职院校的教学不进行相关干预，再加上中职院校的教学方案缺少新意，教学计划的实施过程也不完全顺利，很大程度上没有达到教学计划，学生在中职院校学习期间，缺少对专业知识的认识，影响学生继续深造学习的兴致。

（一）人才培养缺乏目标

中职教育的培养目标是培养技能型人才，而高职教育的培养目标是培养高端技能型人才。目前中职、高职的培养目标定位之间存在交叉部分，这是影响中高职院校教育交接工作完成度的重要因素。中高职教育的培养计划以及培养目标相互独立，没有站在五年教学工作的整体角度思考问题，在人才培养的过程中没有统一的标准，整个培养定位不清楚，影响中高职教育的衔接。教育的目的不能停留在完成学业，拿到相应的学历，更多地应该注重教学的质量、学生知识量的增加、学生个人能力的提升。然而，现在从中高职教育的交接上，就可以发现人才培养的实际实施过程中出现了折扣，没有达到既定的目标。在中职教育的过程中，学生更多的是进行专业技能的学习，在完成学业时，获得相应的专科学历，从而更好地融入社会。在高职教育过程中，学校教育的重心在学生专业技能的掌握与提升上，学校更加注重教学质量的提升。但是，现在从高职院校的实际运行过程中，可以发现高职院校自身存在问题，高职院校自身的师资配备、教学条件以及各方面都没有达到相应的标准，学生从中职院校进入高职院校没有感受到教学内容、师资力量以及教学条件的提升，学生会产生失落感，从而影响学生的学习热情，影响学生专业技能学习的成效。最终的结果就是，经过高职学校培养的学生，能力没有达到社会的要求，社会对高职院校的培养质量产生怀疑，从而影响整个职业教育体系的发展与完善。

（二）专业设置对接存在一定差距

中高职教育的目的是为社会培养专业技能人才，在社会的发展过程中，会产生新行业，也存在传统行业的消亡。所以，学校专业的设置严重影响中高职院校的发展，从目前的调查数据看，中高职院校在专业设置上，存在“不对口”现象。中高职院校优化专业设置成为中高职教育体系发展的关键。

在专业“不对口”问题上，显然中高职院校已经开始积极的整改，但是在中高职专业衔接上还存在一定的问题，中职院校在专业的设置上会考虑到地方性经济及产业，当一个高职院校对接3~4所中职院校时，专业会有所不同，但由于各个学校“各自为政”，在专业设置上存在差异，一所高职院校需要对接多所中职院校，在对接过程中由于缺少系统化的对接模式，所以，在中职教育向高职教育转接过程中出现问题，众口难调，高职院校的专业教育不能让所有学生满意，高职院校所能提供的平台不能满足学生要求。

（三）生源问题不理想

现在专科院校的招生情况也不乐观，例如，浙江省的专科院校招生甚至出现降分也不能完成招生计划的情况，同时部分中职院校的招生也不容乐观。由于中高职间缺乏一定的沟通，没有形成有效的联动机制，导致部分考生和家长对于中高职衔接模式了解不够，高职并没有真正参与中职招生。

（四）课程衔接不足

在中职院校的教学计划中，出现高职院校的教学任务。学校在教学计划上存在重复现象，不仅如此，学生在中职院校已经学过的知识，在高职院校应该得到加强，但是，在实际的教学过程中，甚至出现断崖式下降，严重影响学校对学生的培养。不仅如此，还存在中高职院校为了完成招生计划，在招生时降分的现象。学生的文化课基础差，在之后的学习过程中无法适应高职阶段的学习。

（1）课程设置缺乏统一标准。高职教育的生源存在差别，一部分是经过普通高中的教育，文化课程度相对较好，但在之后的专业技能知识的学习过程中，反而落后于文化课程度相对较低的中职生，这就影响学校的教学计划安排，学生在知识结构的学习过程中容易出现“断档”现象，影响实际的教学效果。针对中职生来说，在中职院校的学习过程中，已经学过了相关的专业技能知识，在高职阶段的学习中，需要提升教学内容的深度，高职院校多数实现提升教学深度，但在教学内容的安排上，出现课程设置重复、教学内容重叠现象，这样的状况容易影响学生的学习兴趣，不仅学生的积极性下降，也会造成学校教学资源的浪费，导致高职学校对学生的吸引力下降，反过来又影响高职院校的招生情况。

（2）课程开发存在的问题。目前，中高职专业课程设置只是从自身的教学计划出发，没有考虑课程的前后关联度，仅仅以课本为主，教学内容处于悬空状态，与中职前端课程、高职后置课程之间缺少联系，教学项目的设置互相独立，没有统一的架构，导致相关的知识与技能培养方面没有有机地联系到一起，这就需要研究课程开发方面的问题。中高职院校的专业教师应该共同参与衔接课程的开发，而不是各自为政。

二、中高职衔接的必要性

在顺应历史发展潮流的过程中，中高职教育的重要性在理论上、实践上都得到了肯定。不仅如此，国家也对中高职教育高度重视，出台了一系列法律法规，从国家发展层面肯定了中高职教育在历史发展过程中的重要性。教育部发布的《面向21世纪教育振兴行动计划》指出：要努力建立符合我国国情的职前与职后教育培训相互沟通的体系，使初等、中等和高等职业教育相互衔接，并与普通教育、成人教育相互沟通、协调发展。社会在不断发展，各行各业对专业技能人才的要求逐渐提高，社会对中高职院校的需求提高，企业更依赖于中高职院校向其输送人才。中高职院校的存在不仅可以提升社会的稳定性，同时也可以为个人提供更广阔的发展平台。

（一）社会经济发展是中高职衔接的根本动力

社会经济在不断发展，各行各业对技术人才技能水平的要求逐渐提高，这就是中高职院校长期发展的动力。经过普通高等院校培养的学生在与企业对接的过程中，需要有一段时间的磨合期，但是，经过职业技能教育的学生，在与企业的对接时更为顺畅、便捷。职业教育与企业行业之间的联系更为密切，所以，行业企业对员工业务能力要求的变化，在中高职教育中的反映更快，中高职的人才培养计划与方案需要紧跟社会发展需要，顺应社会发展势头。经过改革开放以后，社会各个行业对人才的需求提高，为了应对社会发展过程中所需人才出现严重缺口现象，国家也在积极培养各个行业的高精尖人才，经过长时间的发展，人才市场的情况确实有所缓解，但是，我国国土面积辽阔，各个地区的发展状况不平衡，同时还存在城乡发展水平差异巨大现象。现在，我国广大农村地区的生产力水平落后、技术含量低，随着社会的不断发展，发达地区与落后的农村地区之间的差距会逐渐拉大，差距长期逐渐拉大会影响社会的稳定性。目前在部分行业对高等职业人才的需求量还是很大的。

职业教育行业的发展，依靠社会的发展，社会发展水平严重制约着职业教育行业的发展水平。在我国发展初期，国内各个行业对人才的需求量巨大，但是，对高端人才的需求量不高，对普通技术人才的需求量巨大，当时中高职院校向社会输送的人才是符合社会发展需求的，所以，在20世纪80~90年代初期，中高职教育更多的是就业教育。而随着国家经济发展水平的不断提高，各个行业的发展都遇到了更多的机遇与挑战，对人才专业技能水平的要求随着社会的发展状况而提高，在国家经济与世界经济接轨的过程中，中高职院校需向社会输送更高端的人才。

（二）维持社会稳定是中高职衔接的现实动力

1. 中高职衔接有利于缓解社会就业压力

改革开放之后，我国的经济发展水平快速提高，在经济迅速发展的过程中，也遇到了不少挑战。中高职合作学校边发展边学习，对旧有经济发展方式逐渐进行完善与改进，与此同时，产业结构也需要适应社会发展状况，不断进行调整。在社会的发展过程中，会出现新的行业，也会有一部分行业在社会发展的过程中被淘汰。因此，中高职教育的重要性逐渐凸显出来，中高职教育成为应对行业局面洗牌过程的中坚力量，有利地维持了社会的稳定。

“铁饭碗”的称呼在我国存在已久，这个词的来源是20世纪80~90年代一部分通过中高职教育获得一技之长的人走上工作岗位，获得了生存所需的物资。20世纪末，我国经济进入空前的繁荣，各行各业都迎来了飞速发展时期，知识技能的更新速度也在不断提高，那些早期获得专业技能、走上工作岗位的人，在社会发展潮流的过程中不断被淘汰。所以，通过中高职教育获得一技之长的人，同样需要不断学习，提升自身核心竞争力，降低自己被社会淘汰的可能性。高职教育可为中职教育学生提供一个提升自身核心竞争力的平台，降低就业压力，提升社会稳定性。

2. 中高职衔接有助于满足个人升学需求

经济的飞速发展，带动各行各业的繁荣，知识也进入了大繁荣时期，人们获得知识的途径增多，不能满足社会发展需求的技术人员会断送自己的职业生涯，被社会淘汰。严峻的就业形势增加了技术人员的就业压力。不仅如此，人们的生活水平提高，人们在满足基本生活需求的情况下，对知识的重视程度提高，我国人民的学历普遍提高，而学历一定程度上代表了一个人的学习能力与其他方面的能力，社会对个人学历也提出了更高的要求，在人力资源市场上，招聘人员也开始追求高学历，这种现象一定程度上刺激了教育行业的发展，这也是一种水涨船高的现象。中高职教育体系可以给那些无缘高考改变命运的学生，提供另一条职业发展道路，普遍提升中国人民的受教育程度，降低千万学子的高考压力。

3. 中高职衔接有助于满足企业人才需求

经济发展到现阶段，对人才的要求已经与20世纪80~90年代出现了巨大差别，企业的经营、发展遇到了空前的挑战与机遇，对人才业务水平的要求同样也随着行业发展状况的改变而提高。20世纪80年代培养出来的中高端人才多数已经走下中高端技术人才的舞台。20世纪80~90年代从中高职教育走出的人才，可以满足80~90年代社会的需求，但是如果不通过自身的努力学习提升自身核心竞争力，就无法满足当下社会的需求，同样会被社会淘汰。经过多年的发展，经济的发展水平高于中高职教育行业的发展水平，现在中高职教育培养出来的人才已经不能满足大繁荣时代的企业的需求，所以，中高职教育体系的教育模式、教学体系急需提升，不仅要提升硬件设施水平，同样也需要提高师资力量，从而培养出适应社会需求的人才，这在满足企业对人才需求的方面处于重要位置。

（三）中高职衔接是健全教育体制的必然趋势

在教育体系中，职业教育与传统的教育行业有区别，职业教育是一种与职业关系最为密切的教育模式，在这种教育体系下，分为三个不同等级，即便是到了高等职业教育，也不是职业教育的重点，职业教育需要开放、融合的教育理念。这里谈的开放性不是一种空谈的理论，而是需要付诸实践的教育模式，在这种教育模式下，需要将时代的发展特点、社会的发展水平、行业的发展前景以及个人的职业规划结合起来，为学生提供一种更完善的教学模式。这里的融合性更多强调继续教育，不能将职业教育当做就业教育，就业教育不应该是教育的终点，而应该是人一生所受教育的一个阶段，这个阶段的教育是为了向更高层次教育过渡做准备。

在职业教育体系中，中等教育与高等教育之间存在教学层次上的高低之分，不同层次的教学范畴不同，将职业教育分层次，是为了学生更好地理解专业技能知识，以循序渐进的方式逐渐提升个人能力，但是，在实际的教学过程中，两者之间存在交接上的问题，如何更顺畅地完成中等职业教育向高等职业教育的衔接，是完善职业教育体系的关键，不仅如此，衔接恰当能为学生提供更为完善的教学模式，给学生提供更多的选择机会，从而掌握更多的职业选择主动权。这样学生可以进入比较心仪的企业，从事满意的工作，从而提高社会对中高职教育的认可度，提升中高职院校的生源情况，进一步促进职业教育体系的发展与完善。

（四）中高职衔接是终身教育思想的必然选择

终身教育的思想由来已久，这种教育思想淡化了学校教育与再就业教育之间的界线，提高人们对教育的重视程度，人们不再认为教育只是人生某一阶段的事情，而是应该贯穿一生的重要事业。终生教育思想在20世纪具有巨大影响力。人生而不同，每个人都有追求自己生命最大价值的权利，在实现人生价值的道路上，需要不断从外界吸收营养，终身教育思想提升实现人生理想的可能性。证书是个人能力的证明，而学习不是拿到某一张证书后就应该停止的活动，各行各业都有代表技能水平的行业资格证书，企业在招聘人员时，会以获得的证书为参考，来衡量应聘人员的专业技能水平，证书在一定程度上能够代表个人某方面的能力，但是，无法完全代表一个人所具有的能量。所以，刚入职的新员工都需要经过一个考察期，在这个阶段里，企业可以考察个人能力与证书的匹配程度。对于空有证书，无法展现证书所具有的“含金量”的人，同样无法正式成为企业的职员。

三、中高职课程体系衔接现状分析

在维持人力资源市场稳定、社会整体繁荣稳定的进程中，中高等职业教育起到了重要作用。职业教育不断向人才市场输送人才，满足各行各业的需求。不仅如此，职业教育体系的发展是教育体系繁荣的体现，同时也体现了终身教育思想。中等职业教育与高等职业教育处于同一教育体系下，只是在知识传输过程中范畴不同，在教育层级上有差别。现在，两个教育体系之间相互独立，在教学内容的安排上、人才培养方案的制定上、教学模式上等都存在差别，尤其是教学内容上存在交叉部分，在进行教学内容交接时容易出现问题。所以，应该将整个职业教育体系做通盘考虑，在课程体系、教学内容的设置上统一考虑、规划，做好教学内容的划分，落实在课程目标、内容、实施与评价等整个教学环节上，从而保障中等职业教育向高等职业教育的顺利过渡。

中高职教育的衔接能够顺利进行，在很大程度上得益于课程体系的衔接。课程体系的衔接可以让高职与中职教育相辅相成，进而优化教育资源配置，保证最优效益。另外，也能改变以往职业教育在家长与学生心里的印象，提升职业教育的竞争力，保障职业教育的良性发展。

（一）中高职课程体系衔接现状

国内的中职职业教育发展时间较短，虽然经过教育部与社会各界的努力，课程体系已经比较完整，国家层面也对相关专业的课程标准制定了明确的标准。比如，机电一体化这个专业的课程设计，教育部就推出了《中等职业学校机电一体化专业指导性教学计划》，各学校根据当地的经济现状与市场情况设置机电一体化专业的课程方案，但直至20世纪90年代国内高职教育才正式起步，所以国内关于高等职业各个专业的课程设置还缺乏一致性，也就导致了高职教育的课程体系与中职教育体系还有一段距离。此外，高职还存在一个致命的问题是对普高与中职的毕业生同时开放招生名额，却没有针对基础知识薄弱、技能水平高低不平的学生进行差别教育。要完成对中职教育体系与高职教育体系的衔接依然还需要继续努力，目前国内中高职教育的课程设置主要有下列问题。

1. 专业理论课程交叉导致教育资源的浪费

职业教育旨在为社会的建设、生产、服务行业输送合格的一线人才，这些人才必须要具备适应企业需求的操作水平，还必须具备深厚的专业理论基础，进而与时代、科技接轨。而学校设置的专业理论课程直接决定了学生的专业理论水平，但是国内中高职的衔接专业课程设置却有许多交叉的情形，也就导致中高职教育衔接一直停滞不前，无法实现教育的最优效益。

职业教育的专业理论课程包括专业课程与基础理论课程，这两类课程在中高职衔接期间出现了交叉的情况。最根本的原因在于职业教育在引导职业就业上有很强的目的性，一方面，许多中职学生在毕业填报高职志愿的时候会集中填写与自己原专业相关的专业；另一方面，有的中职学校由于缺乏对应的教材，便转而选择大专或者高等教育的教材开课，导致中职毕业生在转入高职学习后发现很多课程交叉内容，甚至高职与中职的教材完全重合。所以，就导致了教育资源配置上的浪费，长期下来必然降低职业教育的吸引力以及社会评价。

现阶段，我国并没有确立一套一致化的关于高职与中职教育的课程设置与考核标准，同时学校课程设置具有明显的地区差异。同时，高职教育与中职教育是分属两个管理部门，管理体制的融合方面有许多难题，也是最终导致高职教育与中职教育在课程设置上无法实现一致性的原因。就拿维修、汽车运用两个专业来说，按照教育部在2004年推出的“职业院校制造业与现代服务业技能型人才培养培训工程”一系列文件，对比中职的三年制教育与高职的两年制教育可知，高职教育的专业课程总共有15门，总计有1460学时，而这15门课程中，就有11门课程是和中职阶段的课程设置是一样的，交叉学时有1100余个，也就是专业课总学时的75%左右。这种情况也就直接造成了从中职升学而来的学生对相同的课程进行了重复无用的学习，甚至教材都是相同的，专业理论课的交叉反复无形中导致了大量教育资源的浪费，也就阻碍了教育最优效益的分配，也蹉跎了学生的时光，长期下来必然会挫伤学生的学习热情，降低职业教育的吸引力与社会评价，对于这样的环境，高职教育必然无法做到更好的衔接。

2. 文化基础课程有严重脱节情况

对于职业教育而言，文化基础课程的重要性不言而喻，中职教育的毕业生在转入高职学习之后，文化课的成绩都偏低，特别是英语与数学成绩比较滞后，以至于有的高职学校在招生时会对中职学校的毕业生存在歧视，部分学校还对中职毕业生挂起了红牌。不过中职的学生在学习高职学校的专业课时会比较得心应手，成绩也会优于普通高中的毕业生，有的中职毕业生自然能够发现高职很多的专业课是自己已经修过的课程。

中职学校的毕业生在高职教育的文化课上表现平平，也从一个层面证明了中职毕业生的文化知识基础比较薄弱，有提升空间，需要在这个层面加大培养力度，以促进学生更好地发展，在人生前进的道路上永远奋进；同时，也暴露了国内目前中高等职业教育在课程衔接期间，在基础课程上不够完善，因为中高职教育有两级管理部门，培养目标也有所不同，所以，对于各自的课程设置也是差异迥然，导致中高职的文化课程衔接问题的出现，无法有针对性地对中职毕业生与普高毕业生施展。

中职学校的课程设置一贯是以就业为根本宗旨，比较注重实操技能与专业理论教学，所以中职学校在安排文化课时都只是遵循“必须、够用”的宗旨，导致中职毕业生普遍文化基础平平，在升学进入高职以后较难胜任文化课的学习，这一方面会阻碍高职学生的学习成绩，另一方面也不利于学生的长远发展以及就业竞争力；加之国内的高职教育还在初期阶段，课程设置不成体系，所以出现了与普通高等教育初衷有所偏差的问题，进而导致高职学校对学生的文化课安排偏于学科性，课程内容偏向于普高学生已经学习过的内容，使得从中职升学而来的学生难以胜任。

我国的中职教育比较成熟，国家也针对中职学校的许多重点专业发行了《中等职业学校重点专业教学指导方案》。较之现在普高的课程设置可知，在文化基础课上几乎没有不同，包括文科综合、理科综合、语数外、计算机、政治，但这两类学校在性质上有很大的差异，因此培养宗旨与办学目标也有差异。中职教育的办学目的在于便于学生更好地就业，认为文化基础课只需要够用就可以了，但普高则是关注学生的升学，所以，彼此对于文化基础课的标准截然不同。尽管两类学校都是采取的三年制办学，文化课设置也是趋同，不过，学习效果仍有一定的差距。中等职业学校毕业生与普通高中毕业生生源的差异决定了学生文化基础水平的差异，也就造成了高职教育课程文化基础课衔接上的不畅，此外，中职教育也分为职业高级中学、技工学校、中等专业学校，三类院校等级看似相同，实际在文化课上的水平差距还是很明显，总体上，中专以及从职高毕业的学生会高于技工学校的学生。

基于上述的分析不难发现，中高职教育在文化课的衔接上呈现两极分化，普通高中的毕业生普遍认为高职的文化课难度不够，与高中阶段学习的课程有交叉，所以学生无法利用学习增强自己的竞争力；相对而言，中职毕业生则普遍畏惧文化课的学习。高职生源的两极分化是导致此种情况出现的直接原因，导致高职教育的课程设置无法适应于每个人，自然降低了中高职课程衔接的效果，所以，对高职课程体系的衔接进行研究十分必要。

3. 专业技能课程设置衔接不对等

高职教育与中职教育同气连枝，出处一样，是同一类属下的不同级体系，不过均是职业教育的大类，皆是以为社会输送服务、生产、建设的技能型人才为治学追求，所以中高职的教育体系进行整合衔接的效果很大部分取决于专业技能课程，只有这一类的课程衔接妥当完善，中高职教育才能实现完美对接，帮助学生获得足够的专业实操能力，进而适应社会与企业的需求。

从专业技能课程方面来看，职业教育与普通教育存在着较大的区别，这也是职业教育的主要教学内容，中等职业教育更高层次的职业教育类型称为高等职业教育，学生在高等职业教育学习阶段接触到的专业理论知识范围更广，对学生的实践操作技能也提出了更高的要求，所达到的标准也相应更高。当前我国中高职教育在开展专业技能教学时，并没有达到预期的效果，高等职业教育阶段的学生情况多样复杂，学生从普通高中毕业之后直接进入高职学习，在文化课方面大部分学生具有突出的表现，但是高职教育中涉及的专业技能课程对于学生则较为陌生，学习基础较为薄弱，存在明显的断档现象；除此之外，中职毕业生虽然不具备较高的知识文化素质，学习成绩不佳，但是相比高职生，其专业技能水平更加扎实过硬，这一类学生进入高职院校后，接触到的专业技能课此前有过学习，知识重复对学生的学习积极性造成很大的影响。当前中职生从来源上可以分为技校、中专和职高等等，技校毕业生学习成绩是三者中最差的，但是其实践操作技能却是三者之中最为突出的，基于这一点考虑，高职要结合当下实际情况，调整专业技能课程设置，避免出现重复和断档现象，对于不同学习背景的学生，要采取差异化的对待方式，要关注中职毕业生的知识文化水平，重视基础文化课程教育，普高生则要关注其专业技能基础的培养和提高。

在进行专业技能课程设置时，中职学校和高职学校遵循的原则有所差异，我国出台的《中等专业学校重点专业教学指导方案》中提出中等职业学校实践技能训练包括专业通修技能、专业专项技能、综合技能三个模块，是中职学校的主要教学内容。有一些高职更加关注学科性教育，忽视了职业教育的目的和作用，学生的专业技能操作学习主要依靠之后为期不长的实习实训，大部分时间用于各类理论的学习，这对中职和高职的教学衔接带来了很多阻碍，这是两者课程设置理念不同导致的后果。

我国发展高等职业教育的时间并不是很长，而中等职业教育在我国则有较长的发展时间，所以各方面经验都更加成熟和丰富，尤其是在专业操作技能培养这一方面，高职整体水平甚至不如中职，出现“倒挂”现象。所以，做好两者的衔接工作离不开专业课程设置这一重要环节，解决重复、断档、脱节、倒挂等问题，改变之前不合理的模式和观念，同时在教师、教材和管理等方面的衔接上要做好充分考虑和整体谋划。

4. 其他课程的衔接不对称

在中职和高职两者进行衔接的过程中，不仅存在专业理论课程、文化基础课程和专业技能课程设置的问题，还有一些课程在设置上也不完善到位，存在着明显的不对称现象。中职学校近些年来也更加关注学生的知识文化水平提高，在进行课程设置时，加入一些礼仪、法律、美育等人文课程，但是不同地区在经济发展上存在差异，而且秉持的课程设置理念也不尽相同，所以表现在具体课程开设上，不同的学校都有其各自的差异，教学内容无法完全实现一致性，高职学生的学习背景多元化，这对高职学校的课程设置带来了很大的考验，无法完全实现完美的对接。

（二）中高职衔接课程体系现状的原因分析

1. 管理体制衔接不够通畅

国家规定中等职业教育和高等职业教育在接受政府管理时对应的部门有所不同，中职学校和高职学校在管理层面差异明显，在教学设计和培养方向等实际教学层面衔接阻力较大，这种管理体制的不对应导致高职学校在开设专业课程时较少考虑中职学校的实际情况，专业课程重复或断档，文化基础课程设置不符合实际，其他课程衔接不恰当等。中职和高职学校要顺利进行管理体制对接，必然要解决这些存在的关键问题，双方要保持沟通和交流，高职要充分掌握中职的实际教学情况，合理进行专业课程设置，帮助中职生源更快地提高自身的综合能力，解决课程设置重复和断档的问题。

应多学习发达国家在职业教育领域的成功经验，结合我国的实际情况做出调整，帮助中职学校和高职学校更好地进行衔接。通过考察发现，在职业教育领域可以鼓励行业协会的参与，职业教育与社会不同行业和企业存在着直接的关系，这对于提高学校的教学效果有很大的帮助，也是今后职业教育发展可以考虑的改变方向。

2. 课程开发理念亟待转变

我国职业教育在设置专业技能课程时主要遵循传统的三段式，即专业基础课—文化基础课—专业课，类似于普通教育的学科设置模式，这显然不符合开展职业教育的初衷和作用，过于强调学科知识和理论知识。职业教育和普通教育不同，不是以升学作为主要目的，而是要顺应时代和社会的需要，帮助学生更好地就业，为社会建设提供优秀的人才，所以在进行课程设置时，职业学校要遵循工作体系，充分考虑当下市场和社会的需要，实现对口培养。我国近些年对职业教育领域进行了大力度的改革，实施以能力为中心的模块式课程，如阶段式模块课程、群集式模块课程等，但是当前我国职业教育课程模式的传统暂时无法完全改变。在课程开发层面，高职学校很少与中职学校进行沟通了解，只是片面地按照普通教育课程模式进行课程设置，导致中职教育和高职教育并不能很好的承接，带来大量问题。高职生主要来自于普通高职和中职学校，在进行课程设置时，高职学校往往忽视了这两类学生的差异，没有结合不同类型学生的实际情况开展课程设置工作，导致普通高职毕业生虽然有着出色的文化知识成绩，但是专业操作技能明显薄弱；而中职学生在文化知识学习方面压力过大，专业课程设置在中职学习阶段已有所接触，重复性较强，学习效率低下，教学资源浪费，不利于调动学生的学习主动性，影响了教学效果。

3. 课程设置缺乏统一标准

我国职业教育的发展时间并不是很长，特别是高等职业教育，发展更加滞后，出现于20世纪的90年代，在发展的初期阶段不可避免地出现各种问题，发现和解决这些问题对于我国职业教育的发展有着很大的帮助。职业教育领域存在的各种问题中，最为突出的问题是中职和高职的课程设置参考的标准不一致，而统一的课程标准对于中职和高职教育的衔接过渡有着至关重要的作用。我国中职学校和高职学校相互交流沟通较少，而且没有统一的课程标准，高职学校对中职学校的情况缺乏了解，没有做好课程设置工作。

当前中职学校和高职学校的衔接问题，要以课程设置为重点，推出统一的标准，对中职学校和高职学校的课程设置提出更高的要求，高职学校的教学工作要充分考虑中职学校的实际情况，对中职学生和普高学生采取不同的教学方式，让不同类型的学生都能得到最大的成长和进步。

第二节 中高职衔接课程体系建设设想

一、中高职衔接课程体系建设遵循的原则

作为职业教育的两个主要部分，中等职业教育和高等职业教育在层次上有所差别，但都属于职业教育，所以在课程设置层面两者都应该遵循一定的标准，做好课程体系的衔接。通过查阅相关资料和了解国家政策法规，结合当前实际，中职学校和高职学校在进行课程体系衔接时要遵循以下原则。

（一）能力本位原则

职业教育具有较强的“职业性”，要充分考虑社会岗位的需要，为生产活动和建设活动培育人才，职业教育要结合市场导向和行业需要，为企业提供综合能力和各项素质过硬的人才。“能力本位”原则区分了职业教育与普通教育，普通教育主要的教学目的是为了升学，而职业教育学科性有所减弱，更加关注学生的能力培养，这也是该原则的主要体现。

在社会不断进步的背景下，很多学者对这一原则的正确性产生了怀疑，该原则逐渐被“以人为本”的原则代替，教育更加关注学生的终身发展，但是以人为本的原则与能力本位原则只是关注方向不同，能力本位原则强调职业教育与普通教育的区别，以人为本的原则更关注学生的终身发展。

（二）市场导向原则

与普通教育相比，职业教育具有显著的特点，即市场导向性与开放性。培养基层操作人才是职业教育的最终任务，所以其课程开设具有明显的市场导向性，以市场需求为依据，培养各类行业和企业人才。因此，不论是中等职业学校还是高等职业学校，皆应遵循市场导向原则，参照实际经济运行状况开设课程，并着重关注实训基地的打造，在实践中教学。

遵循市场导向的原则设置相关课程，并非代表职业教育发展总是落后于

经济发展、追赶经济发展的脚步，也就是说安排职业教育相关课程时，各职业教育单位应当保持先进性，提升前瞻能力，从发展的角度明确市场需求，以先于经济发展开设课程、训练相关技能人才，借此优化人才培养方案，适应社会经济发展需求，避免成为经济发展的淘汰品。

基于企业需求和市场需求两大方向，高等职业教育在人才培养方面，应当比中等职业教育高出一筹，同时职业教育院校要以专业、类型和层级为依据，合理区分各类技能，使课程设置具体化。在课程设置与技能区分上着眼，明确定位高职之“高”，以此防止课程设置出现重复，减少资源浪费，提高教学效率。

（三）多元化原则

对于职业教育而言，训练一线技能人才是其首要任务，也是一个复杂的过程。技能训练必将经历由低到高、由简到繁、由易变难的发展进程，所以技能的掌握具有多元统一的特点。职业院校应着重关注学生身心成长状态，并以此作为重要标准，以学生身心发展规律为基础，合理设置课程。换言之，中等职业学校的课程设置应遵循规律，避免随意拓展知识，应以学生的学习能力为基础；同时高职在进行课程设置时，应以中职课程为基础，避免出现课程设置反复、漏档、不连续等问题。所以，中职与高职教育是彼此相连、要求递增的两个阶段，前者锻炼学生单方面能力，后者提高学生的整体素质，培养其永续发展本领。

（四）可操作性原则

建立完善科学的课程体系具有多元性和复杂性，也与社会各处紧密相关，所以在构建课程体系时应当坚持可操作性原则，宏观上要具备可控性；便于教育管理机构管控；微观上要具备实践性，使院校教学能够顺利平稳展开，所以课程设置要以可操作性原则为必要基础。

综合以上观点，从中等职业教育转向高等职业教育时，其课程设置具有多元性和复杂性，因此应当按照以人为本的原则，掌握市场的人才需求，增强职业教育课程的多元性和可操作性，促进各级职业教育课程体系的完善与发展，全面理解和掌握中职与高职教育的差异和共性，在从中职向高职过渡的进程中，力求避免出现反复和脱节问题。

二、理顺管理体制，保障中高职衔接通畅

高等职业教育具有两面性，它既在职业教育中居于高层次地位，也在高等教育中融合了职业教育。但也正因此，高等职业教育面临着体制归属的问题，即不明确属于高等教育管理范畴，还是职业教育管理范畴，这种管理体制的归属问题也在中职向高职转换过渡的阶段体现出来，明确管理体制归属，是确保中高职教育顺利过渡的重要保障。

在作者看来，普通高等教育不能和高等职业教育归属于同一部门管理。虽然二者的层次级别一致，但在教育内容和类型上有着很大差别。普通高等教育属于学历教育，而高等职业教育属于就业教育，所以二者在管理上应分别交予不同部门。相比之下，高职教育与中职教育是职业教育的两个阶段，双方是同源教育，且在各个方面有密切联系。从这一观点出发，作者认为由同一部门管理中高职教育不失为一种优化方案。

将普通高等教育和高等职业教育交由相同部门管控，可能导致各种问题的发生。就目前看来，国内多数高职院校的领导和授课教师大多由普高教育转职而来，他们深刻体会到了双方在各方面的差异，包括思维模式、管理制度等，若将双方安置于同一部门管理之下，会导致高职教育慢慢抛弃技术和就业导向，而转为学科导向。此外，中职教育和高职教育处于不同部门的监督管理之下，会造成两者缺少沟通，在中等职业教育到高等职业教育的转换阶段，也将出现课程重复和知识脱节的矛盾。

三、明确培养目标，确保中高职合理衔接

（一）高职培养目标概述

中等职业教育与高等职业教育性质相同，都为职业教育，从实质上看，都要训练学生掌握就业企业相关技术能力，所以职业院校确定培养目标时，应当以企业的技术能力需求为出发点。虽然中职与高职在层级上有所差别，不过二者都要将开放、职业和技术能力作为培养人才的重点领域，同时也要结合职业教育阶段确定差别化的技术能力要求，中职教育培养技术工人，高职教育的目标是培养技术工程师等高层级技术人才。所以在培养目标方面，二者既要合理区分，又要紧密联系。从世界范围来看，各国中职教育的目标皆存在两层含义：一是为学生做好就业准备，培养学生在企业工作中必需的

技术能力；二是为学生继续深造打下知识基础，为高职教育做好铺垫。

（二）中高职培养目标衔接的模式

在中高职的衔接中，培养目标衔接是一个重要方面，在二者的联系中具有引领作用。培养目标衔接的着力点应在课程体系的联系上，因此最终的衔接承担者还是课程体系的衔接。职业教育有两个显著特征：一是开放性，二是职业性。所以职业教育应当遵循市场导向原则，确定符合市场需要的培养目标。中职与高职教育分属于不同教育阶段，所以二者的培养目标存在一定差别，但最终都要以市场需求为基础。如今在发达国家中，中高职培养目标衔接的方式可归为三类，如图 4-1 所示。

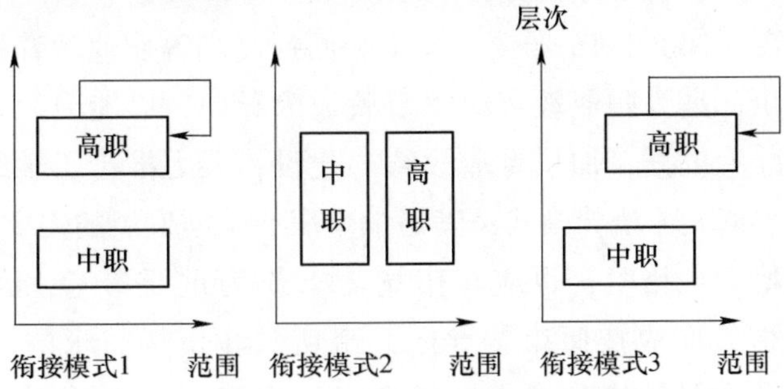

图 4-1　职业教育发达国家中高职培养目标衔接模式

（1）衔接模式 1，可称其为纵向延伸模式。此模式中，中职教育与高职教育在学习内容方面具有一致性，并可获取职业资格，不过中职教育在技术能力和职业资格方面都比高职教育逊色一筹。借由此种模式，在从中职教育转向高职教育的过程中，学生将在相同的职业选择中学习更高水平的知识和技能。该模式的典型是美国中高职培养目标衔接模式，学生经过中职教育学习后，可掌握对应的技术能力与职业资格，同时也为进一步的职业学习做了知识和技能准备，所以该模式能够对学生的长期发展产生有益影响。

（2）衔接模式 2，可称其为横向扩展模式。此模式中，学生通过继续学习高职教育持续扩大自己的技术能力领域，也就是说，学生在中职教育中掌握的技术能力和所获职业资格不一定随着教育的继续而提高，而只是在职业技术能力领域上有所扩展。该衔接模式中，由中职进入高职学习可拓宽学生掌握的技术范围，而不是同种技术的进一步提升，所以在该模式中，允许中高职教育在培养目标和课程设置方面联系不密切。

（3）衔接模式3，可称其为横纵延伸扩展模式。该模式中，学生从低到高的职业教育历程在不断提高技术能力的同时，也持续扩展着技术能力范围，该模式实质上融合了模式1与模式2的特点。

四、衔接人才规格，迎合行业企业人才需求

职业教育与普通教育有着显著区别，其中根本性的差异是职业性，所以，职业教育也具有显著的市场导向性，要以市场需求为基础确定培养目标，明确人才规格和进行课程设置。确定培养目标时，职业教育必须结合行业对于人才的需要，保持先进性，立足长期市场发展，基于动态变化的市场培养人才，以市场为导向，防止产生学生毕业后掌握的技术能力已经不适应市场需求的状况。一旦确立了培养目标，人才规格与课程设置等具体事项也就得以解决。教育部在〔2006〕16号文《关于全面提高高等职业教育教学质量的若干意见》中指出，高等职业教育应“以就业为导向，以能力为本位，以岗位需要和职业标准为依据，加快专业改革与建设；大力推行工学结合，突出实践能力培养，改革人才培养模式；满足学生职业生涯发展的需求”。

确定人才培养规格时，也应将市场需求作为重要参考，因此职业院校在人才培养规格方面应按照市场导向，密切关注市场需求的动态发展。此外，也应掌握各个具体岗位对人才的要求，合理区分人才能力，以之为基础，在差异化的知识技能教学中塑造学生能力。与此同时，在经济社会迅速发展变化的背景下，社会各行业开始要求从业者具有综合能力，而不仅是某一方面的能力，所以，职业院校应加强学生综合能力提升，促进学生的长期发展。

五、中高职课程体系衔接探讨

中职和高职具有相似性，二者是同源教育，都应按照企业和市场导向的原则合理安排课程。基于管理体制矛盾，我国的中职和高职教育缺乏足够的衔接连贯性，而课程上的衔接并非两者课程的简单结合。两者应做到密切联系，改变课程独立的处境，使培养学生的知识和技术成为最终衔接点，如此安排课程体系，以实现中高职课程的有效联结。

（一）中高职课程体系衔接的理论模型

就职业教育培养目标的设定而言，最为关键的就是人才需求对于行业企

业的引导作用，人才培养规格设定的前提条件之一就是培养目标对其的指导与借鉴作用，而课程体系建设可以反映出人才培养规格中包含的具体内容。所以，作者在分析市场需求、培养目标、人才培养规格及课程体系建设关系之后，构建了如图 4-2 所示的中高职课程体系衔接理论模型。该模型中各个指标之间的关系为：市场需求决定职校的人才培养目标，而培养目标又决定具体的培养规格，课程体系可以有效地体现职校人才培养目标，彼此之间相辅相成，具体包括横向与纵向层级两方面的沟通。

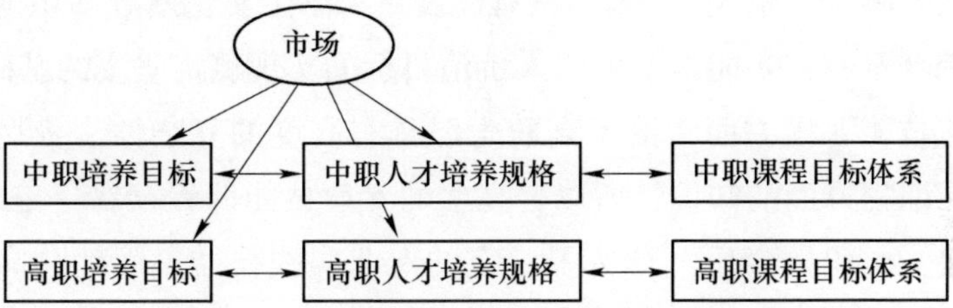

图 4-2　中高职课程体系衔接理论模型

从横向沟通这一层面来看，可知培养目标、培养规格以及课程体系设置三者之间的关系，具体关系为：培养目标决定人才培养规格的设置，人才培养规格反映课程体系建设。其中，双向箭头的含义即培养目标与人才培养规格、人才培养规格与课程目标体系之间是双向关系，人才培养规格的修正是在课程体系建设的指导下完成的，实时明确人才培养规格的设定是非常重要的，其可以非常具体地反馈出培养目标的设置。

从纵向沟通这一层面来看，中高职的人才培养目标与课程设置之间也存在一定的关系，只有在对人才培养目标与课程设置等情况充分合理地了解，并依据自身实际情况对其予以调节与重整，才能规避中高职衔接中资源浪费、断档脱节等弊端。

（二）我国中高职课程衔接问题的对策

职业教育体系具有开放、职业、多元等一系列的特征，因此只有在对社会经济发展、市场人才需求、学生职业趋向等多重因素的充分整合下，才能顺利发展职业教育。

我国是一个区域经济水平差异显著的国家，因此经济水平高低影响职业教育的发展，职业教育反作用于经济发展，两者之间相互作用与影响，设置职业教育课程这项工作非常复杂。其中最为关键的就是依据各地的经济发展情况，探索出一套合理高效的中高职衔接最佳模式。

在文化基础课程方面，高职应该坚守职业教育的初心、职业性、本位性，不再受制于传统的学科本位，对其与普高之间的异同有一个合理清晰的定位与认识。高等职业教育包括两层含义：职业教育中的高等教育，高等教育中的职业教育，但根本上应为职业教育，其决定了高等职业教育必须以培养与提升学生的实践操作技能为核心的这一性质，不再受制于普高学科本位的教育模式。同时，中等职业教育必须高度重视学生文化基础课程的具体学习情况，不能只局限于“够用”，因为只有高度重视学生文化基础知识的培养，提升学生的综合素养，才能为学生个人价值目标的实现奠定坚实的基础。

在专业技能课程方面，由于高职生源具有高度的复杂性，普高生并不具备专业技能课程方面的知识，所以普高生的专业技能课程存在一定的断档性；中职生在接受中职教育后，具备了一定的专业实践技能，而部分高职与中职的教材选用相同，从而导致中职学生无法在高职教育的阶段中获取新的专业知识与实践技能，从而浪费了大量的时间与精力，成本增加的同时学生对该知识产生了倦怠感，没有中职阶段获取新知的热情，严重地浪费了良好的教学资源，从而导致效益最大化原则只能是流于形式，学生对职业教育的积极性下降，职业教育发展形势不容乐观。职业教育的高级阶段即高职，因此高职也就是中职的再次延伸与拓展，只有习得专业实践技能并不断提升，才能体现高职存在的意义。

在我国，高职生主要集中在普高毕业生，普高毕业生具有扎实良好的理论基础知识，但专业实践技能方面几乎为盲区，所以高职学校在对学生的培养过程中，必须对此类学生予以实践技能方面的补充，从而实现专业理论知识与实践操作技能的双重保证。基于以上现象，部分学校开设了一贯制衔接方式，直接录取部分初中毕业生进行五至六年一贯制的综合培养，使普高生在高职阶段中存在的专业技能课程空白这一问题得以解决。

对于中高职技能课程教学上的断档脱节问题，应该更为注重学生的实践操作技能的培养，实现中高职之间的有效充分衔接。由于职业教育具有职业性特征，以及行业协会对市场人才需求方向的充分认知，所以职业教育必须在行业协会的指导下，在行业协会对职业教育管理的高度参与下，为中高职的衔接应予以一定的保障。在行业协会的指引帮助下，中高职加强交流与沟通，可以有效解决课程设置中存在的浪费与断档脱节问题。

针对中高职课程设置与考核制的衔接，必修课设置与“学分制”可促使中高职课程从刚性静态转换至柔性动态衔接，以能力本位为前提，有效衔接中高职，避免教学资源的浪费与断档脱节问题，从而保障高职学科体系设置的平衡性。

第三节　中高职衔接课程体系设计案例——以印刷媒体技术专业为例

中职和高职都隶属于职业教育范畴，仅在层次级别上存在一定的差异，高职应该是中职的拓展与延伸，而中高职之间的独立性与联系性导致两者之间存在衔接问题。在中高职衔接问题上，衔接流畅性的主要影响因素为管理体制、培养目标、培养规格等，而最终中高职衔接的关键即为课程体系的开设实施。在课程体系衔接过程中，必须充分整合行业需求、课程观、师资队伍、资格认证体系等多重因素，作者总结了如下方面的中高职衔接课程体系的贯彻落实。

为了更好地认识和设计中高职一体化衔接，下面以作者所在单位的包装策划与设计专业和温州市某中职学校的平面媒体印刷技术专业对接方案作为参考、分析的细节。

一、课程体系设置衔接

高职生包括普通高中毕业生与中职毕业生两大部分，以前者主。普高生文化课较强、理论知识层面广，但显然专业技能方面属于空白区；中职生文化课基础薄弱、理论知识不足，专业技能强。所以，高职学校应该优化课程结构，调整课程体系，提升普高生的实践操作能力，实现理论知识的转化落地，实现知识的再度整合与提升。

就中职生源而言，文化基础知识薄弱，文化基础课程难以掌握，但其对于学生的个人发展的重要性又不可忽略，所以应该补习与提升中职生的文化基础知识。在技能操作上，课程结构设置的各种弊端，导致中职生源学生的技能操作课程的重复性占据较大比例，学生时间与精力的浪费。因此，要想设置一个科学合理的课程结构，应该以中职课程为基础，并最大可能地避免课程知识的重复性，避免教学资源的浪费，提升普高生源学生的实践操作技能，加强中职生源学生的理论知识基础，以体现高职的“高”。

（一）温州市某中职学校平面媒体印刷技术专业的课程设置体系

为了更好地进行中高职课程体系的衔接，下面结合中职学校平面媒体印刷技术专业和高职的印刷媒体设计专业具体描述，表 4-1 为温州某中职学校平面媒体印刷技术专业的专业课程设置。

表 4-1　温州某中职学校平面媒体印刷技术专业的专业课程设置

课程名称		课堂模式	
		理论讲解	实践操作
公共基础模块	略		
美术方向模块	美术基础	√	
	素描	√	
	色彩	√	√
	高考美术	√	√
	装饰美工	√	√
	简笔画	√	√
	手工艺品制作	√	√
专业技能方向模块	图像处理		√
	图形图像技术		√
	VI 设计		√
	CTP 制版		√
	包装设计、书籍设计等		√
	拼版、分色工艺		√
	印刷品质量检测实验		
	印后加工工艺	√	√
	印刷设计综合实训		√
	柔凹版印刷工艺	√	√
	电脑照排工训练		√
	平版印刷工训练	√	√
	平版晒版工训练		√
	印刷企业管理		√
	印刷营销与业务		√

（二）浙江某职业技术学院的印刷媒体技术专业的课程设置体系

为了进行较为直观的对比，这里仅对比专业课程、专业实训课程和专业选修课程，其他部分素质课程体系及文字说明略，分别见表4-2～表4-4。

表4-2 课程设置总表

课程类别		课程名称	学分	核心课程	计划学时		考核方式	学期分配周课时数				备注
					共计	实践教学		一	二	三	四	
								16周	16周	10周	18周	
专业基础模块		包装印刷材料	4	√	64	14	S	4				
		速写	4		64	36	S	4				
		摄影技术	3		48	36	S	3				
		机械制图及CAD	4	√	64	36	S		4			
		应修小计	15		240	122		11	4			
专业实务模块		包装印刷	4	√	64	30	S		4			
		版式设计	4	√	64	50	S		4			
		包装印刷实训	2		48	48	C		2			17～18周
		应修小计	10		176	128			8			
岗位方向课（限选）	包装设计方向	调研与方案设计	4		60	30	S			6		
		纸包装印后加工工艺	4		60	30	S			6		
		包装综合实训	10		192	192	C			8		11～18周
		应修小计	18		312	252				12		
	印刷媒体设计方向	书籍装帧	4		60	30	S			6		
		造型创作	4		60	30	S			6		
		印刷综合实训	10		192	192	C			8		11～18周
		应修小计	18		312	252				12		
	专业选修课（任选）		11		176	88	C		6	8		
毕业实践模板		毕业实习	12		288	288	C				12	
		毕业综合实践报告	4		96	96	C				4	

注：1. 考核方式："S"表示考试，"C"表示考查，"Z"表示考证；

2. 两课、体育等课程不扣除独立实训周计算总课时，专业课程按课堂教学周计算总课时；

3. 公共选修课按4学时/学期计入第2～4学期的周课时数（总计）。

表 4-3 专业选修课程设置表

课程名称	学分	计划学时		考核方式	学期分配周课时数		备注
		共计	实践教学		2 周	3 周	
色彩学	3	48	24	C	3		二选一
办公文书写作	3	48	24	C	3		
创新设计思维	3	48	24	C	3		二选一
产品设计手绘	3	48	24	C	3		
包装设计实训	2.5	40	20	C		4	二选一
立体设计	2.5	40	20	C		4	
视频制作	2.5	40	20	C		4	二选一
纸包装结构设计	2.5	40	20	C		4	
应修小计	11	176	88		6	8	

表 4-4 独立实践教学环节安排表

序号	实践教学项目	学期	周数	主要教学形式	内容和要求	地点	考核方式	学时数
1	包装印刷实训	2	2	项目仿真实践	包装印刷理论及设备操作	实训室	实操	48
2	包装综合实训	3	8	项目仿真实践	完成整套产品包装设计	实训室	作品或样品	192
3	印刷综合实训	3	8	项目实践或企业顶岗实习	印前设计、印刷设备操作、印刷工艺制定、印后加工	实训室（校外）	作品或实训报告	240
4	毕业实习	4	12	实习	完成毕业实习规定的各项内容	校外	按毕业实习实施细则的规定考核	192

续表 4-4

序号	实践教学项目	学期	周数	主要教学形式	内容和要求	地点	考核方式	学时数
5	毕业综合实践报告	4	4	指导	完成毕业综合实践报告的写作和答辩	校外	按毕业综合实践报告、毕业设计（论文）管理规定（试行）考核	96

（三）对比分析

为了更好地完成中高职一体化的衔接，课题组对中职的课程体系进行了详细的研究，与课程设置的老师进行了有效的对接，并从以下几个方面加强课程体系衔接。

（1）部分已经受理的课程采用层次递进的模式，进一步深入学习，或者通过单项实训或综合实训的方式完成提高学习。

（2）结合人才培养定位，开设中职期间未开设的课程，完成 5 年相对体系化的学习。主要包括包装印刷材料、印刷工艺、包装结构设计、印刷包装品质量检测等课程。

（3）开设部分与岗位技能相关的考试，提升就业的便利性。

（4）增设毕业综合实践报告项目，该项目主要是让学生在经过半年的实习后，结合岗位实习内容与专业知识所学，根据指导老师的要求，完成最后一项学习任务，并通过该任务与岗位的有机结合，实现专业知识的一次大总结。

二、课程内容衔接

作为印刷媒体设计专业，要求学生掌握一定的印刷技术和印刷工艺，以丝网印刷操作为例，简单地列了一份对比表格，见表 4-5～表 4-7。

表 4-5　“丝网印刷”中高职课程目标衔接

阶段	人才培养规格	职业面向	职业技能	职业素养
中职	基本操作技能型人才	包装印刷企业一线生产岗位	专业基础知识与设备的基本操作	继续学习的能力

续表 4-5

阶段	人才培养规格	职业面向	职业技能	职业素养
高职	技术技能型人才	包装印刷企业一线生产或管理岗位	专业技术知识与设备的较多数量的操作，并能够解决常见的技术问题	继续学习的能力

表 4-6　典型岗位工作任务及岗位能力分析

典型岗位	印前设计、绷网、晒版、油墨调配、网印生产	
工作任务及岗位能力	印前图文处理与设计	根据原稿要求，完成简单的图文设计与处理
	绷网工艺	根据产品质量要求，选择网框、网布及其他辅助材料
	涂布感光胶	根据晒版的要求，选择合适的感光胶，并能够根据要求完成均匀涂布等工艺
	晒版工艺	根据晒版的工艺和技术参数完成丝网的晒版过程和质量控制等，对简单的瑕疵能够修复处理
	油墨调配	根据印刷的要求完成油墨的选配、调配色、印刷黏度调配等
	网印生产	根据生产工艺要求，完成丝网印刷生产，并对产品进行初检等

表 4-7　中高职衔接课程实践教学项目设计

教学情境	项目内容	质量要求	职业能力	学习阶段
1	简单的丝网色块印刷	墨色均匀、印迹平服	具备较为简单的丝网印刷技能	中职
2	简单的渐变单色丝网印刷	墨色均匀、印迹平服	具备基础的丝网印刷技能	中职、高职
3	双色的色块套印丝网印刷	套印准确、印记平服	具备较复杂的丝网印刷技能	中职、高职
4	多色套印丝网印刷	套印准确、工艺先进	具备复杂的丝网印刷技能	高职

三、师资建设与衔接

（一）加强职业教育师资培训工作

作为教学活动的中心角色，教师是实现教学过程中人才培养目标、培养规格、课程体系设置等一系列活动的主导。所以，必须对师资队伍建设工作予以高度重视；同时，全面提升学生的综合素质，从而确保中高职之间衔接的流畅性。教师职业生涯是动态发展的，只有参加各种教师培训进修活动，不断汲取大量新知，紧跟文化发展趋向，提升自我，才能更好地立足于激烈的教师竞争中，适应动态发展的教育形势。教育部门应该依据实际情况，不断完善教师培训进修制度，从而提升职业院校的师资水平。

（二）加快“双师型”师资队伍建设

中高等职业教育均属于职业教育，学生技能的培养是非常重要的，我国许多职校教师的学历主要为普通教育，部分教师之前从事普高教育的相关工作，对职业教育的特征与趋向并不了解，教学思路与方法存在一定的弊端。“双师型”师资团队建设可保障职业教育师资力量的建设。职校可采取多种方式加强“双师型”师资团队的全面建设，招聘实践操作技能强硬的专业教师；通过学校培训或引进更多优秀人才打造一流的“双师型”师资团队；安排优秀教师在相关企业挂职训练实习。

（三）完善教师管理制度，改进教师评价体制

在师资队伍建设中，教师培养与管理是核心环节之一，在教师管理过程中，学校应该制定相关科学合理的教师管理制度，建立教学业务档案，动态追踪教学质量。在各种制度的管理下，全面提升教师教学质量。同时，建立健全一套科学合理的教师评价机制，从两方面来说：第一，根据教师代课学时与学生数量，计算教师教学工作量；第二，根据专业特色与职教特征，将教师操作技能水平列入教师评价的标准，从而实现教师教学能力的全面提升。

四、实训教学衔接

因为人才培养方案的差异，造成了培养目标的差异，因而其实训教学体系又存在较大的差别。为了更好地培养学生的综合专业技能，加强实训教学环节的对接也是非常重要的。

（一）实训室配置对接

实训室设备的配置是完成实训教学的前提和基础，中职阶段，学校会根据中职的培养定位构建实训教学体系，包括实训教学场所等。到了高职阶段，

教学的定位和难度与中职存在一定的差异，因此，需要根据现有的教学目标和定位，设计实训教学体系，完善实训室的建设等。

（二）技能考证的对接

技能考证也是职业教育的一个重要环节，因此在不同阶段需要提供与之相对应的考试环节，以提高学生的学习态度和提高专业学习的效果等。

事实上，除了做好以上部分内容的有机衔接还是不够的，还需要专业老师在实施的过程中加强沟通和交流，校校之间加强合作，共同完成人才的培养。

参考文献

[1] 夏玉玲，黄小燕，朱美军，等．做好高职衔接缓解民办高职招生压力——以江海职业技术学院为例［J］．智库时代，2019（33）：140~141，157.

[2] 张睿，李晓静，申洪娇，等．基于建构主义的改良版“三明治”教学法在中高职衔接护生基础护理学理论教学中的应用［J］．卫生职业教育，2019，37（18）：83~85.

[3] 彭丰．中高职衔接教育视阈下五年制高职体育与健康课程改革探索［J］．中国校外教育，2019（26）：157~158.

[4] 董娟娟．美丽中国视域下高职生生态文明教育策略探析［J］．文学教育（下），2019（9）：76~77.

[5] 黄晓婷．马斯洛需求理论视阈下的“3+2”班级管理研究［J］．杨凌职业技术学院学报，2019，18（3）：43~45.

[6] 叶广仔，江务学，彭勇，等．计算机应用技术专业中高职衔接培养课程体系研究［J］．计算机教育，2019（9）：16~20.

[7] 鲁立，汪国庆．基于中高职衔接的职业能力水平测试体系研究［J］．传播力研究，2019（26）：257.

[8] 罗曼妮．基于创业教育中高职衔接《电商美工》课程研究与探索［J］．现代营销（经营版），2019（10）：233.

[9] 张云．计算机网络技术专业中高职衔接“3+3”人才分段培养的探索与实践——以无锡商业职业技术学院为例［J］．现代经济信息，2019（16）：396~397.

[10] 温雪．中高职计算机应用类专业课程衔接的优化策略研究［J］．电脑知识与技术，2019，15（24）：107~108.

[11] 张德华，赵尹，张董蕾．天津职业教育体系中中高职课程建设与衔接的现状调查报

告——以北辰职专为例［J］. 天津职业院校联合学报，2019，21（8）：24~28.

［12］马燕．以现代学徒制促进中高职衔接的思考［J］. 课程教育研究，2019（34）：248~249.

［13］刘剑峰，韩卫东，解振宇．汽车专业中高职课程衔接的实践研究［J］. 湖北农机化，2019（14）：47.

［14］金捷．机械制造与自动化专业中高职教育衔接人才培养模式的探索与实践［J］. 科技风，2019（24）：235.

［15］王梦雨，李成忠，张衡锋．基于产教融合实训平台的园林技术专业中高职衔接实践教学体系研究［J］. 安徽农业科学，2019，47（16）：272~274.

［16］熊丽丽．试论中高职衔接背景下英语词汇教学的三结合［J］. 科学大众（科学教育），2019（8）：114，134.

［17］张旭．中高职衔接学生群体心理疏导浅谈［J］. 天津职业院校联合学报，2019，21（7）：45~48.

［18］周劼．中高职衔接中中职学生健康心理健康教育的评价与反思［J］. 职业，2019（23）：100~101.

［19］李开贤．基于职业能力的“3+3”人才培养目标设计——以旅游管理专业为例［J］. 职业，2019（23）：55~56.

［20］周水源．高职旅游管理专业中高职衔接教育研究［J］. 现代营销（经营版），2019（9）：249.

［21］赵韵姬，张彦粉，党亚男．基于工作室模式的高职创新创业教育改革研究——以印刷媒体技术专业为例［J］. 创新创业理论研究与实践，2019，2（11）：117~118，121.

［22］商明慧，周薇．“工匠精神”融入印刷媒体技术专业高技能人才培养的探索与实践［J］. 网印工业，2019（5）：47~51.

［23］皮阳雪，陈海生．印刷媒体技术专业“3+2”专本衔接课程标准建设研究［J］. 丝网印刷，2019（4）：7~10.

［24］周立民，杜韦辰，陈海隆，等．印刷媒体技术专业“校中厂”校企双主体特色人才培养模式改革与实践——以兰州石化职业技术学院为例［J］. 中国包装，2019，39（4）：62~66.

［25］万正刚．虚实融合的实训教学在高职印刷媒体技术专业中的应用与实践［J］. 广东印刷，2019（1）：45~47.

［26］邱丙中，张燕菲，刘三国．高职印刷媒体技术专业“工匠型教师”培养途径探究［J］. 广东印刷，2018（5）：54~55.

［27］刘晓丽，盖海红，李聚霞．高职印刷媒体技术专业123“订单培养+现代学徒制”人才培养模式探究［J］. 广东印刷，2018（5）：59~60.

[28] 王旭红，龚修端，张林林．基于中高职衔接的印刷媒体技术专业教学标准的研究 [J]. 高教学刊，2018（18）：189~192.

[29] 袁顺发．高职印刷媒体技术专业毕业论文环节的改革与实践 [J]. 决策探索（下半月），2016（10）：59.

附　录

附录 1

浙江省××职业技术学院

现代学徒制学生顶岗实习手册

学院：____

班级：____

实习单位：_____________________________________

姓名：____

校内指导老师：________________________________

企业指导老师：________________________________

实习起止时间：________________________________

教务科研处

2019 年 1 月 1 日

一、顶岗实习基本情况

姓名		班级	
联系电话		岗位	
企业指导老师		联系电话	
校内指导老师		联系电话	
实习单位地址			
顶岗时间			
顶岗实习工作简要描述			

二、考勤记录表

时间	主管签名	时间	主管签名

三、顶岗实习周记

姓名		岗位	
起止时间		实习地点	
第一周周记：（后续根据实习的周数自行增加）			

四、顶岗实习鉴定

校外指导教师评定意见
签字（单位盖章）：
校内指导教师评定意见
签字：
学生综合成绩： 指导教师： 教研室主任： 二级学院院长（盖章）：

注：学生综合成绩=校外×70%+校内×30%。

附录 2

浙江省××职业技术学院

毕业实习手册

学院：____________________

班级：____________________

实习单位：____________________

姓名：____________________

校内指导老师：____________________

企业指导老师：____________________

实习起止时间：____________________

教务科研处

2019 年 1 月 1 日

注　意　事　项

一、本手册各项内容应认真、如实填写，不得涂改、撕页。

二、各栏内容应由填写人（学生、指导老师及有关人员）签名并加注日期。

三、本手册各项记录为实习总结及评定成绩的重要依据，请学生本人妥善保管。

实习课题名称：

实习主要内容及要求：

实习时间：

以上各项内容由本校指导老师填写。

实习计划进程记录表

（第 2、3 列由学生本人填写，第 4、5 列由校内指导老师填写）

周次	实习计划内容	执行完成情况	指导老师检查记录	签名、日期
第一周				
第二周				
第三周				
第四周				
第五周				
第六周				
第七周				
第八周				
第九周				
第十周				
第十一周				
第十二周				

实习期间学生考勤、纪律表现情况记录

（由校外指导老师填写）

周次	考勤记录	纪律表现	指导老师 检查记录	签名、日期
第一周				
第二周				
第三周				
第四周				
第五周				
第六周				
第七周				
第八周				
第九周				
第十周				
第十一周				
第十二周				

实习期间学生重大事项记录

序号	重大事项内容	发生日期	校外指导老师记录	校内指导老师记录	签名、日期
1					
2					
3					
4					
5					
6					
7					
8					
9					
10					
11					
12					
13					
14					
15					

实 习 报 告：

毕业实习鉴定表

实习态度（10%）	实习纪律（20%）	实习能力（40%）	实习效果（30%）
谦虚、认真、勤奋好学、密切联系实际、刻苦钻研业务	保证实习时间，服从实习安排，遵守实习单位的规章制度，尊敬指导老师及实习单位人员	（1）动手能力； （2）创新能力； （3）分析、解决实际问题能力； （4）协作与组织管理能力； （5）社会活动能力； （6）语言及文字表达能力	（1）对毕业实习和理论联系实际的认识； （2）巩固和加深所学理论知识的程度； （3）分析、解决、创新能力的提高； （4）社会生活能力的提高
A B C D E	A B C D E	A B C D E	A B C D E

实习单位鉴定： 实习单位　　（盖章）	指导教师鉴定（包括实习成绩）： 校内指导教师签名：
实习中存在的问题、意见和建议：	

实 习 守 则

1. 实习学生要认真完成预期的实习任务，努力维护学校荣誉和树立大学生的良好形象。

2. 实习过程中要虚心向实习单位的工作人员学习，听从指导，服从安排，积极参加生产劳动，加强实践锻炼，不断提高自我思想品德修养。

3. 学生实习要严格遵守劳动纪律，按规定时间上下班，不得迟到早退、无故缺课，在实习单位住宿的学生，不得擅自在外留宿，一般不准请事假。因病请假必须有医院证明。

4. 严格要求自己，自觉遵守实习单位的安全、保密、操作等规章制度和劳动纪律，未经允许不得进入与实习无关的场所。

5. 学生要认真做好实习笔记，收集整理实习结果，按时完成实习报告，认真参加实习考核。

6. 在实习期间旷课及违纪的同学按学校考勤与学生纪律处分的有关规定处理。

附录 3（教学用表）

现代学徒制学生顶岗实习任务书

______年______月______日

学生姓名		班级	
实习岗位		顶岗时间	
顶岗实习任务及要求			
提交实习成果要求			
指导教师签名		教研室主任签名	
学生签名			

附录 4（教学用表）

现代学徒制学生顶岗实习值班记录

________年________月________日

班级		实习生代表 联系电话		
应到岗人数		实际到岗人数		
值班情况记录				
企业指导老师签名		缺岗人员名单		

时间：________年________月________日

班级		实习生代表 联系电话	
应到岗人数		实际到岗人数	
值班情况记录			
企业指导老师签名		缺岗人员名单	

附录 5（Excel 表）

顶岗实习（寒暑假）成绩录入表

学号	姓名	班级名称	课程名称	总评成绩	学分	课程类型	学院名称	年级
			顶岗实习（寒暑假）	合格		公共选修课	××学院	2016

注：按 1 周 1 学分，实习一个月 4 学分，实习两个月 8 学分的标准，根据此样表填写提交 Excel 表。